Hidden Secrets
ISLAND

MICHAEL CHAPMAN

BRUCKMANN

EINLEITUNG

Bedenkt man seine heutige Beliebtheit als Urlaubsdestination, scheint es kaum vorstellbar, dass Island einst als Geheimtipp galt. Das *Land aus Eis und Feuer* wurde lange Zeit unterschätzt, und die meisten verbanden damit nur Klischees: frei laufende Schafe, Regenwetter, Wikinger und mundfaule Fischer in rauen Wollpullovern.

Angesichts der nur etwas mehr als 350 000 Einwohner erscheint das fehlende Interesse aus dem Ausland kaum verwunderlich. Abgesehen von dem ein oder anderen Fischereikrieg, Finanzkollaps oder Vulkanausbruch, führten die Isländer eine ruhige Existenz, weit weg von der Hektik ihrer mächtigeren Nachbarn. Es herrschte kein Bedarf an vielen Besuchern, und jeder schien sich mit diesem Umstand abgefunden zu haben. Einige Isländer empfanden ihre Isolation sogar als Auszeichnung und waren in dem festen Glauben, dass ihre 1000 Jahre alte Sprache und ihr kulturelles Erbe untrennbar mit Einsamkeit verwoben seien.

2010 veränderte der Ausbruch des Stratovulkans Eyjafjallajökull die öffentliche Wahrnehmung Islands. Als überall auf der Welt die Bilder von aufsteigenden Rauchwolken vor einer unvergleichlichen Gebirgslandschaft über die Bildschirme flimmerten, begannen die Ersten, von einem Trip nach Island zu träumen. Mutter Natur hatte den Status quo verschoben. Es war an der Zeit, ins Rampenlicht zu treten. Seitdem ist für die Isländer nichts mehr so, wie es einmal war.

Schon bald konnten die Besucher entlang der Ringstraße Highlights wie den Strand von Reynisfjara, die Gletscherlagune Jökulsárlón, den Berg Verstrahorn oder den Geysir Strokkur erleben. Viele dieser Sehenswürdigkeiten haben seitdem Kultstatus erreicht. Doch noch immer gibt es in Island jede Menge Orte, die man erst mal finden muss. Nicht nur in der Natur, sondern auch in den Dörfern und Städten.

Neben den bekanntesten Zielen will dieses Buch auch weniger bekannte Plätze vorstellen, damit Island-Besucher die Möglichkeit haben, auf eine noch größere Auswahl zuzugreifen. Nun wollen wir also loslegen – oder, wie ein Isländer sagen würde: »Weiter mit der Butter!« *(»Áfram með smjörið!«)*

ÜBER DEN AUTOR

Michael Chapman lebt seit 2016 in Reykjavík. Er studierte an der Universität Westminster Film- und Fernsehwissenschaften, nachdem er zuvor als Tauchlehrer in Thailand, Zypern und Griechenland gearbeitet hatte.

Ursprünglich kam Michael nach Island, um Reisegruppen zur Gletscherquelle Silfra im Þingvellir-Nationalpark zu führen. Doch schon nach kurzer Zeit war er von dem einnehmenden Wesen der Leute, der poetischen Sprache und den atemberaubenden Landschaften so verzaubert, dass er sich wieder dem Schreiben zuwandte. Seitdem hat er zahlreiche Blog- und Zeitungsartikel über seine Wahlheimat verfasst.

Der Autor möchte allen danken, deren Hilfe bei der Erstellung dieses Reiseführers von unschätzbarem Wert war. Dettie Luyten, die diese Gelegenheit an mich herangetragen hat, für ihre Geduld während des Schreibprozesses. Dank gebührt auch meiner *kærasta* Svanhildur Sif Halldórsdóttir: Deine Vorschläge haben diesem Buch seine Form verliehen, und ich hoffe, sie werden die Faszination deiner Heimat gebührend offenbaren. Mein Dank gilt allen meinen Freunden und Angehörigen für ihre Reiseleidenschaft und ihre Liebe, und auch Kara, die, wie ich hoffe, eines Tages dieses Land so erleben wird wie ich.

ÜBER DIESES BUCH

Dieses Buch soll Reisende dabei unterstützen, Island noch besser kennenzulernen. Neben den bekannteren Attraktionen liegt der Fokus im Besonderen auf den Sehenswürdigkeiten und Aktivitäten, die oft nicht zur Kenntnis genommen werden. Da die Einträge in Kategorien und nicht geografisch eingeteilt sind, helfen die mitgelieferten Karten, aus den Infos eigene Routen zusammenzustellen.

Die meisten Ziele in diesem Buch können auf eigene Faust besichtigt werden, allerdings sind viele nur saisonal zugänglich. Einige Abenteuererlebnisse – zum Beispiel Eishöhlenwanderungen, Gletscherbesteigungen und Surfen – erfordern die Buchung eines Führers.

Der Autor empfiehlt, genügend Zeit einzuplanen, um jede Region und die Hauptstadt zu erkunden. Zwei Wochen wären perfekt, aber viele der bekanntesten Attraktionen kann man auch in einer Woche absolvieren.

Am besten erkundet man Island mit einem Mietfahrzeug. Geführte Rundfahrten sind zwar ebenfalls möglich, aber diese halten sich meist an strikte Zeitpläne, die keine Abweichungen zulassen, außer Sie vertrauen sich einem privaten Führer an. Es gibt keinen Zugverkehr auf der Insel. Der Autor möchte außerdem betonen, dass das Reisen in Island Gefahren mit sich bringt. Unvorhersehbares Wetter, extreme Witterungsverhältnisse, Dunkelheit und weite Flächen können einen Reisenden, der nicht darauf vorbereitet ist, Probleme bereiten.

Zu guter Letzt: Vergessen Sie auf keinen Fall Ihre Kamera! Sie würden sich sonst schwarzärgern.

ISLAND

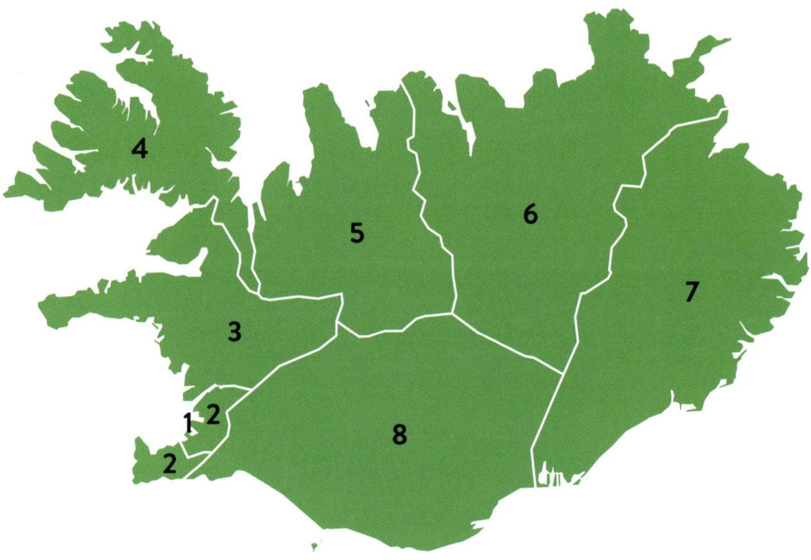

1 REYKJAVÍK

KUNST & KULTUR – ENTDECKUNGEN – BAUWERKE – ORTE – ERLEBNISSE – ABENTEUER – LANDSCHAFTEN – SHOPPING – ESSEN – DRINKS – ÜBERNACHTEN

KUNST & KULTUR – ENTDECKUNGEN – BAUWERKE – ORTE – ERLEBNISSE – ABENTEUER – LANDSCHAFTEN – SHOPPING – ESSEN – DRINKS – ÜBERNACHTEN

2 HAUPTSTADTREGION & REYKJANES-HALBINSEL

#	GARÐABÆR
239	Mathús Garðabæjar
269	Eimverk-Destillerie
	GRINDAVÍK
160	Keilir
168	Kleifarvatn-See
	HAFNARFJORÐUR
295	Vibrant Iceland Hostel
232	Fjörukráin
240	Von Mathús & Bar
	KJALARNES
283	Esjan Buses
	KÓPAVOGUR
1	Naturkundemuseum in Kópavogur
27	Gerðarsafn Kópavogur Kunstmuseum
36	Salurinn
67	Blick in den Vulkan Þríhnúkagígur
223	Reynir bakari
243	Íslenska Flatbakan
152	Ski / Snowboarden in Bláfjöll
	MOSFELLSBÆR
226	Mosfellsbakarí
289	Mosskógar Camping
86	Gljúfrasteinn
124	Berjamó / Beerensammeln
	REYKJANESBÆR
19	Viking World
33	Die Nacht der Lichter / Ljósanótt
133	Die Gigantin in den Bergen
178	Brücken zwischen Kontinenten / Miðlína
191	The Iceland Museum of Rock'n'Roll

3 WESTEN

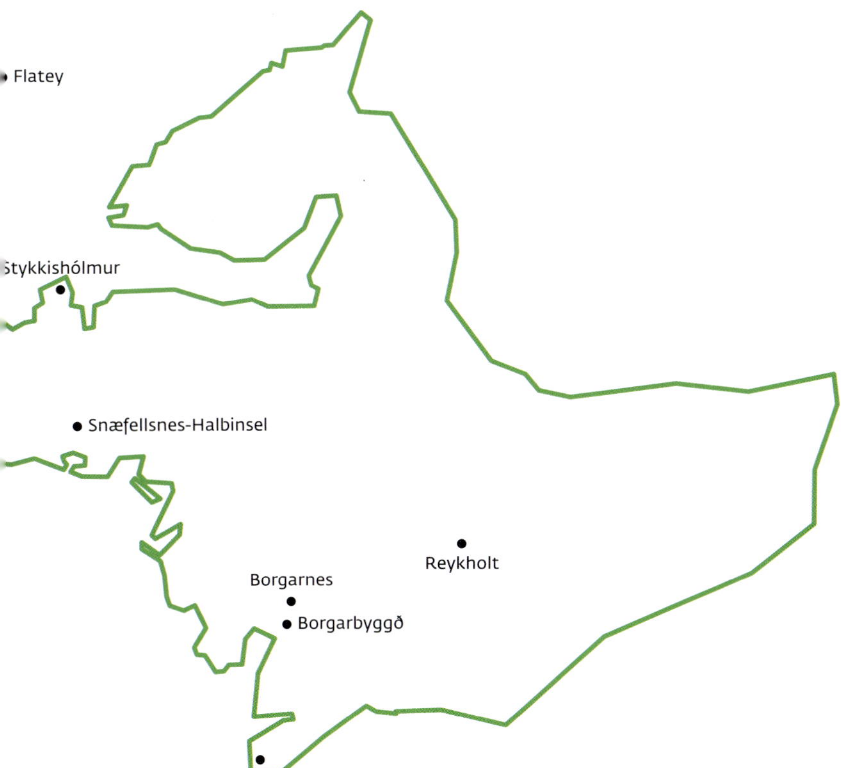

Flatey
Stykkishólmur
Snæfellsnes-Halbinsel
Reykholt
Borgarnes
Borgarbyggð
Akranes

4 WESTFJORDE

5 NORDWESTEN

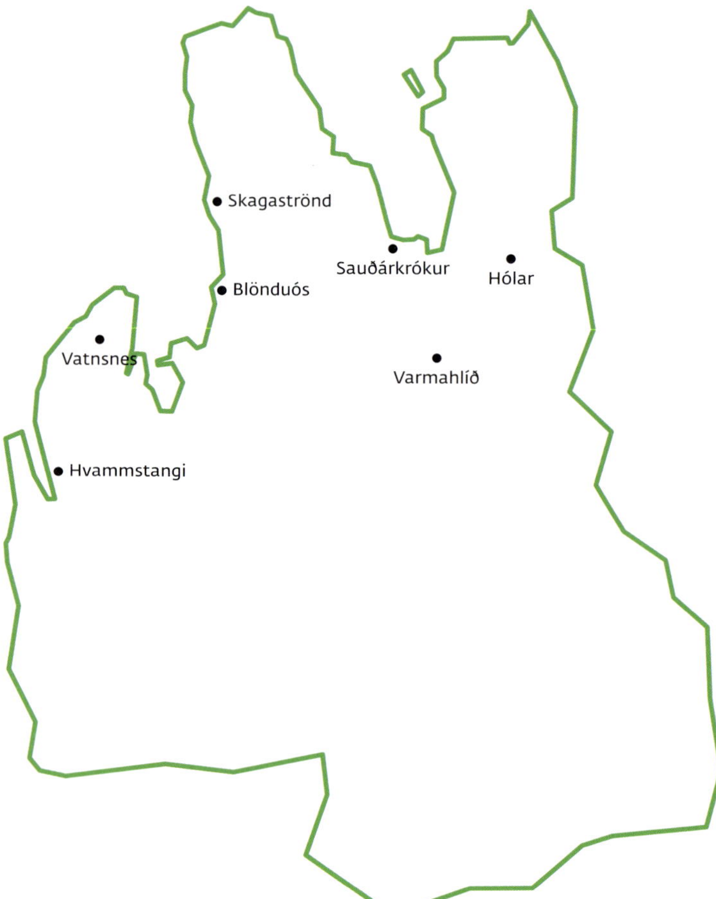

6 NORDOSTEN

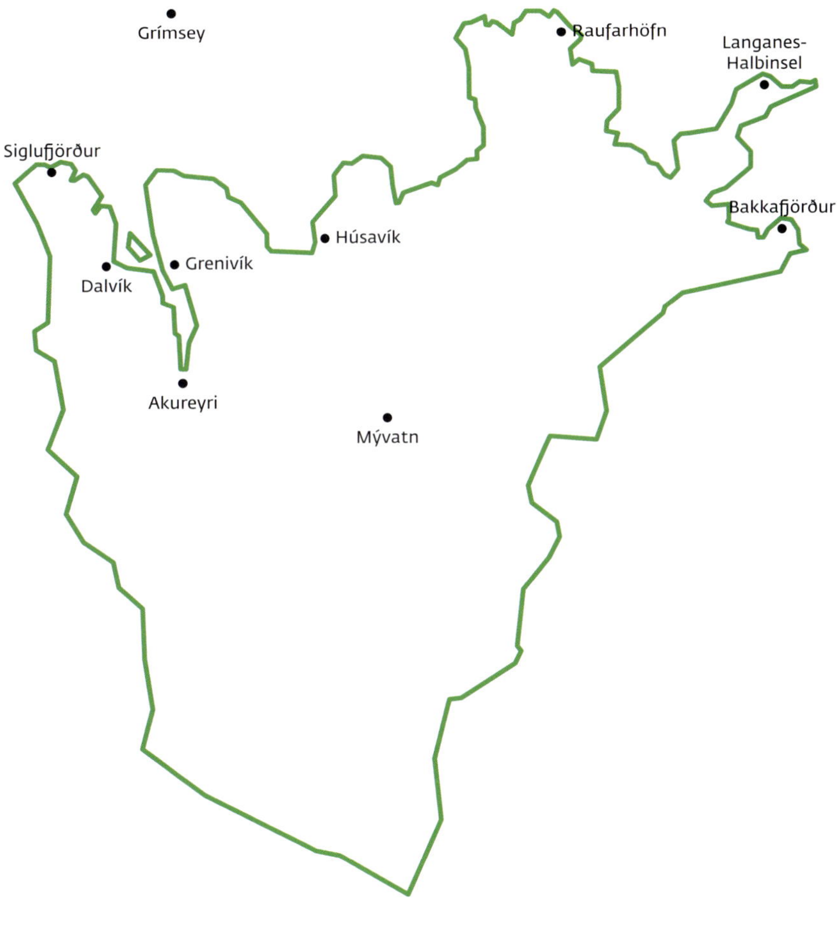
Grímsey
Raufarhöfn
Langanes-
Halbinsel
Siglufjörður
Bakkafjörður
Húsavík
Grenivík
Dalvík
Akureyri
Mývatn

7 OSTEN

Borgarfjörður Eystri
Egilsstaðir
Seyðisfjörður
Mjóifjörður
Neskaupstaður
Eskifjörður
Reyðarfjörður
Fjarðarbraut
Stöðvarfjörður
Breiðdalsvík
Djúpivogur
Höfn í Hornafirði
Skaftafell

8 SÜDEN & WESTMÄNNERINSELN

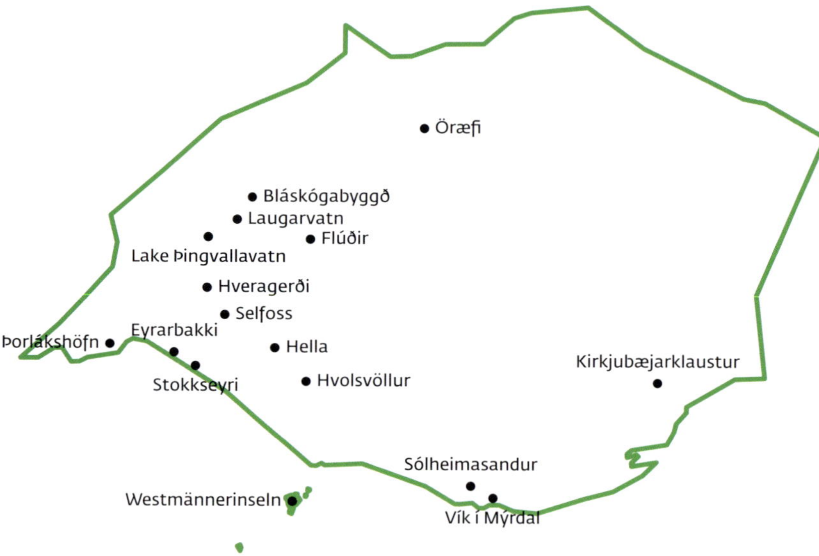

#					
	BLÁSKÓGABYGGÐ		**FLÚÐIR**		**HELLA**
206	Efstidalur Farm	98	Flúðir	63	Hügel von Landmannalaugar
	EYRARBAKKI	130	Secret Lagoon	169	Ljótipollur Explosionskrater
294	Bakki Apartments & Hostel	205	Flúðasveppir Farmers Bistro	276	Hótel Rangá
				286	Álfasteinn Country Home

ARTIC HENGE

KUNST *und* KULTUR (A)

Verkannte SCHÄTZE

1 NATURKUNDE-MUSEUM IN KÓPAVOGUR

Hamraborg 6
200 Kópavogur
Hauptstadtregion
+354 441 7200
natkop.kopavogur.is

Seit 2002 teilt sich das Naturkundemuseum in Kópavogur ein Gebäude mit der Stadtbücherei. Von Reykjavíks Innenstadt aus ist es bequem zu erreichen. Gezeigt wird die vielfältige Welt der Vögel, Säugetiere und Fische Islands. Der Eintritt ist kostenlos – eine bewährte und informative Option für einen Regentag. Kern der Ausstellung ist die Privatsammlung von Jón Bogason aus 200 Molluskenarten und Schalentieren, die in den hiesigen Gewässern zu finden sind. Diese großzügige Spende legte den Grundstein für ein besseres wissenschaftliches Verständnis. Auch heute ist der Hauptfokus des Instituts die Erforschung der Gewässerökologie.

2 PETRAS STEINESAMMLUNG

Fjarðarbraut 21
755 Stöðvarfjörður
Osten
+354 475 8834
steinapetra.is

Petras Steinesammlung ist das Ergebnis einer lebenslangen Leidenschaft, die sich mit der vielfältigen und faszinierenden Geologie Ostislands befasst. Ljósbjörg Petra María Sveinsdóttir begann 1946, Steine zu sammeln, vor allem in den Buchten von Stöðvarfjörður. Doch Steine sind nur eines ihrer Sammelobjekte: Es gibt auch verzierte Eier, Stifte, Muscheln, Schnecken und andere kleine Gegenstände. Das kürzlich eröffnete Kaffi Sunnó steuert herzhafte Suppen, Brote und warme Getränke hinzu.

3 THE WORKSHOP

Hjalteyri
601 Akureyri
Nordosten
arnaromarsson.com

Dieses industriell aussehende Ausstellungsgebäude, eine alte Heringsfabrik, arbeitet mit ansässigen Schulen, Theatern und Kulturgesellschaften zusammen. Im Sommer ist es täglich von 14 bis 17 Uhr geöffnet. Seit der Eröffnung 2008 ist es das Hauptziel von The Workshop, den Tourismus in der Gegend zu fördern sowie Einblicke in die einzigartige und inspirierende Kultur dieser Region zu ermöglichen. Die Ausstellung wird von Gústav Geir verwaltet, einem interdisziplinären Künstler und Filmemacher aus Hjalteyri.

4 YSTAFELL-TRANSPORT-MUSEUM

Ystafelli 3
641 Húsavík
Nordosten
+354 464 3133
ystafell.is

Das Ystafell-Transportmuseum in Húsavík ist ein wahr gewordener Traum für jeden Motorenfan. Hier werden unter anderem klassische Autos, umfunktionierte Panzer und riesige Schneemobiltrucks gezeigt. In den großen Garagen des Ystafell ist im Prinzip die gesamte Verkehrsgeschichte Islands ausgebreitet. Diese Sammlung antiker Fahrzeuge stellt das älteste und größte Transportmuseum des Landes dar. Es wurde 1998 von Ingólfur Kristjánsson – einem Profifahrer und Motorradfan, der jahrzehntelang Ersatzteile und ausrangierte Fahrzeuge sammelte – und seiner Frau Kristbjörg Jónsdóttir gegründet.

5 HERINGSMUSEUM

Snorragata 10
580 Siglufjörður
Nordosten
+354 467 1604
sild.is

Da die Ortschaft Siglufjörður nur eine Autostunde von Akureyri entfernt ist, gibt es eigentlich keinen Grund, nicht einmal einen kurzen Blick in das örtliche Heringsmuseum zu werfen. Die drei frei stehenden Gebäude bilden zusammen das größte Maritimmuseum des Landes. In jedem befindet sich eine spannende Ausstellung, die verdeutlicht, wie wichtig die Fischerei für die aufblühende Wirtschaft Islands war. Unter anderem sieht man hier eine kleine Fischfabrik sowie einen rekonstruierten Teil des alten Heringshafens.

Meisterhafte SKULPTUREN

6 **ARCTIC HENGE**
Über Straße 874
675 Raufarhöfn
Nordosten
+354 462 3300
northiceland.is
arctichenge.com

Der Arctic Henge befindet sich nördlich von Raufarhöfn, einem der abgelegensten Dörfer Islands. Dieses relativ neue Konstrukt fängt die Mitternachtssonne ein, sobald sie über dem Horizont des Polarkreises steht. Vier Bögen repräsentieren die Jahreszeiten; ihre stoische Schönheit versetzt den Betrachter zurück zu den alten nordischen Mythen. In die 72 Steine sind die Namen der Zwerge aus der *Völuspá (Weissagung der Seherin)* graviert. Dieses Gedicht diente dem postmodernen heidnischen Bauwerk als Inspiration.

7 **IMAGINE PEACE TOWER VON YOKO ONO**
Insel Viðey
104 Reykjavík
Hauptstadtregion
imagine peacetower.com

Der Imagine Peace Tower ist dem berühmten Beatle und verstorbenen Ehemann der Multimediakünstlerin Yoko Ono gewidmet. Er ist eine leuchtende Hommage an den Frieden – ein Thema, für das sich John Lennon sein ganzes Leben lang eingesetzt hat. Jedes Jahr lädt Yoko alle, die dabei sein wollen, zu einem Event auf die Insel Viðey ein. In den dunklen Wintermonaten dient der Imagine Peace Tower als Erinnerung an einen dauerhaften Frieden, den Island in seiner gesamten Geschichte erlebt hat.

8 **REYKJAVÍK KUNSTMUSEUM ÁSMUNDARSAFN**

Sigtún
105 Reykjavík
Hauptstadtregion
+354 411 6430
listasafn reykjavíkur.is

Diese futuristische Konstruktion wurde von dem berühmten Bildhauer Ásmundur Sveinsson (1893–1982) erbaut und bewohnt. Heute dient das Anwesen der Würdigung seiner Arbeit. Inspiriert wurde das Gebäude von der klassischen Architektur der Mittelmeerregion. Die auffällige Kuppel im Zentrum wird von Sveinssons Skulpturen umrahmt. Sie können kostenlos besichtigt werden. Nur fünf Gehminuten weiter befindet sich der Laugardalur, einer der beliebtesten Parks und Freizeitzentren in Reykjavík.

9 **EGGIN Í GLEÐIVÍK**

Gleðivík Bay
765 Djúpivogur
Osten
djupivogur.is

Adrett am Hafen aufgereiht stehen die 34 Eier von Djúpivogur, bekannt unter dem Namen *Eggin í Gleðivík (Die Eier in der Gleðivík-Bucht)*. Jede Eierskulptur, entworfen und gefertigt vom Künstler Sigurður Guðmundsson, steht für eine Vogelart, die in dieser Region beheimatet ist. Und wenn Sie schon in Djúpivogur sind, können Sie auch noch die alte Fischfabrik Bræðsla besichtigen, in der im Sommer kreative Kunstausstellungen stattfinden.

8 REYKJAVÍK KUNSTMUSEUM ÁSMUNDARSAFN

10 **TVÍSÖNGUR**

15- bis 20-minütige Wanderung vom Parkplatz der Fischfabrik Brimberg
Hafnargata
710 Seyðisfjörður
Osten
east.is

Die Klangskulptur *Tvísöngur* des deutschen Künstlers Lukas Kühne ist ein origineller Zwischenstopp bei einer Fahrt durch Seyðisfjörður. Das Kunstwerk, dessen Name »Zwiegesang« bedeutet, ist der Inseltradition der historischen, oral tradierten »Fünf-Ton-Harmonie« gewidmet, die in Aufzeichnungen des 19. und 20. Jahrhunderts dokumentiert ist.
In den großen Betonkuppeln sollen die Besucher pfeifen und singen, um die unterschiedlichen Töne hervorzurufen, die jedes der Bauwerke produziert. Um *Tvísöngur* zu erleben, gehen Sie 15 bis 20 Minuten lang den Schotterweg hinunter, der von der Fischfabrik Brimberg wegführt.

11 **ORBIS ET GLOBUS**

611 Insel Grímsey
Nordosten
+354 460 1000
akureyri.is/grimsey-en

Orbis et Globus, übersetzt »Kreis und Kugel«, ist eine Plastik von Kristinn E. Hrafnsson. Das drei Meter hohe Kunstwerk wurde 2017 auf der Insel Grímsey errichtet und soll sich mit dem wandernden Längengrad mitbewegen – der Polarkreis rückt jedes Jahrhundert um ca. 1,5 Kilometer vor. Vom Hafen aus benötigt man etwa drei Stunden für die Rundfahrt. Orbis et Globus hat sich inzwischen zu einer Art Pilgerziel entwickelt. Außerdem zu bewundern sind auf der Insel die *Jahrhundertsteine*, die andeuten, wo sich der Rand des Polarkreises in den Jahren 1717, 1817 und 1917 befand.

Famose FESTIVALS *und* VERANSTALTUNGEN

12 **FROSTBITER FILM FESTIVAL**
VERSCHIEDENE ORTE
300 Akranes
Westen
+354 866 2053

Das Frostbiter Horror Film Festival, ein Konzept des Filmemacher-Ehepaars Lovísa Lára Halldórsdóttir und Ársæll Rafn Erlingsson, jagt seinen Zuschauern seit 2016 eiskalte Schauer über den Rücken. Fans des gespenstig-schönen Kinogenres kommen seitdem jeden Januar in die eher unscheinbare Stadt Akranes, wo sorgfältig ausgewählte Filmemacher sie Jahr für Jahr erschrecken dürfen. Vorträge, Kneipen-Quizabende und Kostümfeste gehören ebenfalls dazu. Verliehen werden Preise in unterschiedlichen Kategorien, darunter Bester internationaler Film und Bester isländischer Film.

13 **GOSLOKAHÁTÍÐ**
VERSCHIEDENE ORTE
900 Westmänner-inseln
Süden
visitwestmanislands.com

Das Goslokahátíð-Festival findet auf Heimaey, der größten der Westmännerinseln, statt. Es gedenkt des Endes des Vulkanausbruchs von 1973. Jedes Jahr am ersten Wochenende im Juli kommen Musiker, Kulturschaffende und Festivalgäste auf die malerische Insel, schlagen ihre Zelte auf und genießen das von der Gemeinde organisierte Event in unberührter Natur. Hier erwarten Sie große Menschenmassen, hämmernde Beats, lustige Kostüme und Fahrgeschäfte.

14 ALDREI FÓR ÉG SUÐUR (»ICH GING NIEMALS NACH SÜDEN«)

An der Kreuzung der Straßen Ásgeirsgata und Suðurgata
400 Ísafjörður
Westfjorde
aldrei.is

Das Festival Aldrei fór ég suður in Ísafjörður wurde 2004 vom Musiker Mugison und dessen Vater ins Leben gerufen. Heute ist es fester Bestandteil des jährlichen Festivalkalenders. Es wird von Ehrenamtlichen gestemmt und ist kostenlos für alle, die sich auf den weiten Weg nach Norden zu den Westfjorden machen. »Ich ging niemals nach Süden« spielt darauf an, dass einige isländische Entertainer auf der Suche nach Ruhm nach Reykjavík ziehen.

15 EISTNAFLUG METAL FESTIVAL

Egilsbúð,
Egilsbraut 1
740 Neskaupstaður
Osten
eistnaflug.is

Skandinavien gilt schon lange als Zentrum für Black- und Death-Metal. Deshalb ist Neskaupstaður im Osten von Island keine überraschende Wahl für die alljährliche Zusammenkunft der ledergekleideten Rocker. Das Festival hat bereits einige der größten Namen auf der Gästeliste geführt und sollte von jedem Musikfan wahrgenommen werden, obwohl die dröhnenden Lautsprecher sowieso dafür sorgen. Das Motto lautet »Sei kein Arschloch«, und tatsächlich gilt Eistnaflug als eines der nettesten und friedfertigsten Festivals in Island.

16 LUNGA KUNSTFESTIVAL

Hafnargata 44
710 Seyðisfjörður
Osten
+354 866 3046
lunga.is

Das Kunstfestival LungA erschien im Jahr 2000 auf der Bildfläche und verzaubert mit einer Mischung aus Konzerten, Workshops und kreativen Ausstellungen die Ortschaft Seyðisfjörður. Das Festival erreicht jedes Jahr im Juli neue Höhen. Die Workshops widmen sich z. B. Impro-Comedy, Songwriting und Tanz. Das Festival wird von der Kunstschule LungA veranstaltet und ist ein attraktives Nebenereignis für alle, die den Osten Islands im Sommer besuchen.

HISTORISCHE MUSEEN,

die man nicht verpassen darf

17 **ISLÄNDISCHES KRIEGSMUSEUM – ÍSLENSKA STRÍÐSÁRASAFNIÐ**

Heiðarvegur 37
730 Reyðarfjörður
Osten
+354 470 9000
en.visitfjardabyggd.is

Im Zweiten Weltkrieg befürchtete Großbritannien deutsches Interesse an Island und beschloss 1941, das Land präventiv unter der Operation Fork zu besetzen. Die Folgen waren noch Jahre später zu spüren. Durch die Errichtung von Flughäfen, Krankenhäusern und Straßen wurde die Industrialisierung rasant beschleunigt und der Alltag kulturell beeinflusst. Es herrschte große Uneinigkeit darüber, wie man das Land in eine von einem weltweiten Konflikt bestimmte Zukunft führen sollte. Das Kriegsmuseum in Reyðarfjörður taucht in diese Zeit ein und zeigt eine Seite des Kriegs, die selten beachtet wird.

18 **FREILICHTMUSEUM REYKJAVÍK**

Kistuhylur 4
110 Reykjavík
Hauptstadtregion
+354 411 6304
borgarsogusafn.is

Wenn Sie sich für die Geschichte Islands interessieren, sollten Sie das Freilichtmuseum Árbær vor den Toren von Reykjavíks Innenstadt besuchen. Prächtige hölzerne Gebäude und Wohnhäuser aus dem frühen 19. Jahrhundert führen die Besucher mit Detailreichtum in das harte Leben vergangener Zeiten ein. In Árbær finden interessante Führungen statt, wobei die Führer historische Kostüme tragen und den Ort lebhaft in Szene setzen. Die Gebäude sind alle Originale, die man für diesen Zweck hierher versetzt hat, eingerichtet mit ausgewählten Artefakten, körnigen Schwarzweißfotografien und umfangreichen Erklärungstafeln.

19 **VIKING WORLD**

Víkingabraut 1
260 Reykjanesbær
Reykjanes-Halbinsel
+354 422 2000
vikingworld.is

Viking World auf der Halbinsel Reykjanes bietet die Möglichkeit, ein rekonstruiertes Langschiff und Relikte zu sehen, die uns mehr über die ersten Bewohner Islands verraten. Die Wikinger waren kampferprobte Seefahrer, die die Ozeane auf der Suche nach Abenteuer, Beute und neuen Siedlungsgebieten befuhren. Nur weil einige von ihnen sich dazu entschlossen, auf Island zu bleiben, existiert heute dieses Land. Das Museum präsentiert mit Stolz seine vier bedeutenden Ausstellungen, darunter »Schicksal der Götter«, in der die heidnische Weltsicht der Wikinger näher beleuchtet wird.

20 SCHIFFFAHRTS-MUSEUM REYKJAVÍK

Grandagarður 8
101 Reykjavík
Hauptstadtregion
+354 411 6340
reykjavikmuseum.is

Das bekannteste Exponat des Schifffahrtsmuseums von Reykjavík ist Óðinn, ein Schiff der Küstenwache. Besucher können einen Blick in die Kabinen und in den Maschinenraum werfen. Óðinn spielte eine entscheidende Rolle in den Kabeljaukriegen, einem Konflikt zwischen Großbritannien und Island um Fischereirechte, der von 1958 bis 1976 dauerte. Britannien wollte Islands Fischereizonen verkleinern, was zu einer regelrechten David-gegen-Goliath-Situation führte. Immer wieder rammten Schiffe ineinander. Das militärische Ungleichgewicht entwickelte sich zur diplomatischen Peinlichkeit, und schließlich machten die Briten einen Rückzieher.

20 SCHIFFFAHRTSMUSEUM REYKJAVÍK

Sehenswerte

SKURRILE MUSEEN

21 **SKRÍMSLASE-TRIÐ – SEEUNGEHEUER-MUSEUM**
Strandgötu 7
465 Bíldudalur
Westfjorde
+354 456 6666
skrimsli.is

Die Angst vor Seeungeheuern ist ein beliebtes Thema in der isländischen Folklore, wie unzählige Schriften aus der lokalen Geschichte der Fischernation belegen. Unterwasserschrecken wie der otterartige *fjörulalli* (Küstenkerl) und der bauchige *hafmaður* (Wassermann) haben in der Westfjord-Region ihre Wurzeln. Es gibt keinen besseren Ort, um mehr darüber zu erfahren, als das malerische Küstendorf Bíldudalur, wo sich gleich ein ganzes Museum diesem Seemannsgarn annimmt. Multimedia-Ausstellungen und herrlich antiquierte Rekonstruktionen regen die Fantasie an und transportieren die fiesen Ungetüme ins 21. Jahrhundert.

22 HVERSDAGSSAFN – ALLTAGSMUSEUM

Hafnarstræti 5
400 Ísafjörður
Westfjorde
+354 770 5503
everydaylife.is

Das Alltagsmuseum zeigt Objekte, die auf den ersten Blick mondän wirken, jedoch in ganz neuem Licht erscheinen, wenn sie mit Liebe und Sorgfalt präsentiert werden. Entstanden ist eine Mischung aus Nostalgie und Humor: Bücher, Schuhe und Fotos muten plötzlich anders an, wenn man sie durch die künstlerische Linse betrachtet. In einem Kino werden drei Kurzfilme gezeigt – *Northern Lights*, *The Sounds from the Kitchen* und *Waiting for the Storm* –, die einen interessanten Blick auf die isländische Gesellschaft werfen. Erklärungen zu den Exponaten sind auf Englisch und Isländisch, doch es gibt auch Kataloge in Französisch und Deutsch.

23 ISLÄNDISCHES PUNKMUSEUM

Bankastræti 2
101 Reykjavík
Hauptstadtregion
+354 568 2003

Das Isländische Punkmuseum in einer ehemaligen öffentlichen Toilette ist ein lohnenswerter Kurzstopp bei einem Stadtrundgang. Hier dröhnt es aus den Lautsprechern, und ein Treppenhaus voller Graffiti führt in den Untergrund. Es ist vielleicht nicht jedem klar, welchen Einfluss Punk auf die isländische Kultur hat. Zum Beispiel sang Björk zunächst in der Punkband Tappi Tíkarrass, und der Ex-Bürgermeister von Reykjavík, Jón Gnarr, schreibt seinen Erfolg der britischen Band Crass zu. Es überrascht nicht, dass das Museum 2016 von der Sex-Pistols-Legende Johnny Rotton eröffnet wurde.

23 ISLÄNDISCHES PUNKMUSEUM

24 HIÐ ÍSLENZKA REÐASAFN – PHALLUSMUSEUM

Kalkofnsvegur 2
Hafnartorg
101 Reykjavík
Hauptstadtregion
+354 561 6663
phallus.is

2020 musste das Phallusmuseum seinen sehr exponierten Standort am Hlemmur-Platz aufgeben. Heute versteckt es sich sicher im Keller des H&M in Hafnartorg. Mit einer dreimal größeren Fläche und einem neuen Café ist es zum jetzigen Zeitpunkt das einzige Museum der Welt, das sich mit diesem Geschlechtsorgan beschäftigt. Hier werden die kastrierten Hoden unzähliger Tierarten ausgestellt, darunter die von Sattelrobben, Walen und Füchsen. Es gibt sogar Metallabdrücke von jedem (Mit)Glied des nationalen Handballteams. Der Souvenirladen bietet beispielsweise Penis-Pasta, Schniedelwärmer und Geysir-Kondome.

24 HIÐ ÍSLENZKA REÐASAFN – PHALLUSMUSEUM

Noble GALERIEN

25 **DEAD GALLERY / STUDIO**
Laugavegur 29
101 Reykjavík
Hauptstadtregion
dead.is

Die DEAD Gallery versteckt sich in einer Seitengasse der Laugavegur. Sie ist das Hauptquartier des Multimedia-Künstlers Jón Sæmundur. Seine HIV-Diagnose 1994 veranlasste ihn, sich mit den Grenzen von Leben und Tod auseinanderzusetzen. Seine Entdeckungsreise in die schmerzlichste aller Dualitäten zeigt sich in seinen ikonischen Gemälden. Die Tuschzeichnung einer pechschwarzen Maske namens *Spirit* hängt heute in farbigen Abwandlungen in vielen isländischen Häusern. Jón produziert auch Filme, Skulpturen und eine Modelinie und tritt regelmäßig mit seiner Band The Dead Skeletons auf.

26 **GALLERY PORT**
Laugavegur 32
101 Reykjavík
Hauptstadtregion
+354 780 2222

Auf eines können sich Kunstfans in Island verlassen: Die besten Arbeiten einheimischer Künstler findet man in der Gallery Port, die sowohl Kunstgalerie als auch Atelier ist. Da die Ausstellungen häufig wechseln, weiß man zwar nie so recht, was einen erwartet, doch die Qualität der Stücke ist unstrittig. Trotz der günstigen Lage in der Einkaufsstraße Laugavegur ist die winzige Gallery Port leicht zu übersehen.

27 GERÐARSAFN KÓPAVOGUR KUNSTMUSEUM

Hamraborg 4
200 Kópavogur
Hauptstadtregion
+354 441 7600
gerdarsafn.kopavogur.is

Das 1994 eröffnete Museum in Kópavogur zeigt neben der Dauerausstellung internationale und lokale Arbeiten – Werke von Künstlern des 20. Jahrhunderts wie Barbara Árnason, Valgerður Briem und Magnús Á. Árnason. Gegründet wurde es zu Ehren der mit dem Falkenorden ausgezeichneten Künstlerin Gerður Helgadóttir (1928–1975), die für ihre abstrakten Plastiken und farbenprächtigen Glasarbeiten berühmt war, von denen sechs in isländischen Kirchen zu bewundern sind, darunter in der Kópavogskirkja nebenan. Dies ist das einzige einer Frau gewidmete Museum des Landes, was seiner fortschrittlichen Kunstphilosophie entspricht.

28 STÚDÍÓ ÓLAFUR ELÍASSON

IM MARSHALL HOUSE
Grandagarður 20
101 Reykjavík
Hauptstadtregion
+354 551 3666
i8.is

Der dänisch-isländische Künstler Ólafur Elíasson nutzt seine Kreativität, um atemberaubend riesige Plastiken und Installation zu schaffen. Viele davon nehmen elementare Themen auf wie Licht, Feuer, Wasser und Wind. Eines seiner bekanntesten Werke ist die Bienenwabenstruktur aus Glas und Stahl des Konzerthauses Harpa an der Faxaflói-Bucht, das häufig schön illuminiert wird. Elíassons Atelier befindet sich im Marshall House, einer ehemaligen Fischfabrik von 1948 neben dem Living Art Museum.

Stúdíó Gerðar ↑
Gerður's Studio
Fræðslurými Workshop

Faszinierende
SHOWS *und* SPEKTAKEL

29 **ISLÄNDISCHER ZIRKUS – SIRKUS ÍSLANDS**
VERSCHIEDENE ORTE IN GANZ ISLAND
+354 660 0740
sirkusislands.is

Clowns und Comedians, Trapezkünstler und Stelzenläufer, lebende Statuen und Jongleure – sie alle gehören zum einzigen umherziehenden Zirkus Islands. Den ganzen Sommer über werden die Zuschauer mit dieser Show in dem rot-weißen Jökla-Zelt unterhalten. Skinnsemi, eine Unterabteilung des Zirkus für Gäste über 18, zeigt Burlesktänze und nackte Akrobaten. Ganz schön heiß für ein so kaltes Land!

30 **SILVESTER IN REYKJAVÍK**
VERSCHIEDENE ORTE
101 Reykjavík
Hauptstadtregion
+354 552 5375
visitReykjavík.is

Silvesterfeuerwerk ist überall auf der Welt eine beliebte Tradition, doch hier hat das Spektakel einen ganz eigenen Reiz. Man kann getrost behaupten, dass Island es locker mit den Feierlichkeiten in Sydney und New York aufnehmen kann. In Island wird die ganze Nacht hindurch geballert. Während der Zeiger in Richtung Mitternacht vorrückt, zünden die Isländer in ihren Gärten jede Menge Raketen und Kracher. Viele bestaunen die Knallerei von der Hallgrímskirkja aus. Den besten Blick jedoch hat man von außerhalb, vorzugsweise vom Gipfel des Esja aus. Die Erlöse aus den Feuerwerksverkäufen kommen isländischen Rettungsdiensten zugute.

31 DAS ISLÄNDISCHE SYMPHONIE-ORCHESTER

IM KONZERTHAUS HARPA

Austurbakka 2
101 Reykjavík
Hauptstadtregion
+354 528 5000
harpa.is

Wer sich gern von Drama und Kraft der Musik verzaubern lässt, der sollte eine Aufführung im ikonischen Konzerthaus Harpa, Heimat des isländischen Symphonieorchesters, besuchen. Die 1950 gegründete Musikertruppe hat bereits bei solch berühmten Veranstaltungen wie BBC Proms mitgewirkt und ist an Orten wie der New Yorker Carnegie Hall und dem Musikverein Wien aufgetreten. Fans isländischer Musik können von September bis Juni Konzerte besuchen.

32 ICELAND FORMULA OFFROAD

VERSCHIEDENE ORTE

akis.is

Pumpt Ihnen auch bei aufheulenden Motoren das Adrenalin durch die Adern? Dann wird das Iceland Formula Offroad Sie mit jeder Menge Spannung beglücken. Jahr für Jahr kommen Teilnehmer und Zuschauer in die isländische Wildnis, um speziell umgebaute Trucks mit Vierradantrieb die größtmöglichen Steigungen hinaufzujagen. Der Ursprung von Formula Offroad liegt in Island, und heute gilt es als eines der extremsten Offroad-Rennen der Welt.

33 DIE NACHT DER LICHTER / LJÓSANÓTT

240 Reykjanesbaer
Reykjanes-Halbinsel
+354 421 6700
ljosanott.is

Die Ljósanótt ist fester Bestandteil des isländischen Veranstaltungskalenders. Sie findet jedes Jahr Anfang September statt und markiert die Rückkehr des Winters. Aufgeteilt in viele kleinere Veranstaltungen, ist dies eine tolle Möglichkeit, Aspekte des Landes zu entdecken, die man sonst möglicherweise verpasst hätte, ob Musik, Kunst oder Theater. Am Ende des Festivals erhellt ein bombastisches Feuerwerk den Nachthimmel und lässt die zerklüfteten Lavafelder des Reykjanesbaer erglühen.

Spritzige VERANSTALTUNGSORTE

34 **GAMLA BÍÓ**

Ingólfsstræti 2-A
101 Reykjavík
Hauptstadtregion
+354 563 4000
gamlabio.is

Eleganz und Raffinesse sind die zentralen Themen im Gamla Bíó (Altes Kino). Das Gebäude wurde 1926 vom dänischen Fotografen Peter Petersen errichtet, der sich im obersten Stock eine eigene Wohnung einrichtete (jetzt die Petersen Svítan Terrassenbar). Das Kino, ein Pionier der Filmfotografie, zeigte eine breite Palette von Filmen, bevor es für andere Zwecke genutzt wurde. 1989 zum Beispiel zog hier vorübergehend die isländische Oper ein. Heute ist das Gamla Bíó überwiegend ein Konzerthaus, es kann aber auch als Konferenzzentrum, Festhalle oder Hochzeitssaal genutzt werden. Wenn Sie sich hier Ihre Dosis Kultur abholen, besuchen Sie danach unbedingt das Petersen Svítan mit Blick auf Reykjaviks Innenstadt.

35 THE FREEZER HOSTEL & CULTURE CENTRE

Hafnargata 16, Rif
360 Hellissandur
Westen
+354 833 8200
the-freezer-hostel-culture-centre.business.site

Wer zum ersten Mal hört, dass sich das Freezer Hostel and Culture Centre in einer renovierten Fischfabrik befindet, könnte vorschnelle Schlüsse ziehen. Doch mit seinen komfortablen Gästezimmern, geschmückt mit trendigen modernen Kunstwerken, beweist diese Institution, was man alles mit gutem Geschmack und ein wenig Vorstellungskraft aus einem ehemaligen Industrieort herausholen kann. Das Freezer Theatre zeigt von Künstlern kreierte englischsprachige Theaterstücke, während das Kulturzentrum Filmvorführungen und Konzerte bietet. Im Oktober findet hier alljährlich das internationale Filmfestival Northern Wave statt.

36 SALURINN

Hamraborg 6
200 Kópavogur
Hauptstadtregion
+354 441 7500
salurinn.is

Salurinn war 1999 das erste Konzerthaus in Island, das speziell für Live-Konzerte und Theaterstücke errichtet wurde. Die 300 Sitzplätze verteilen sich auf den Zuschauerraum und eine Galerie. Das Salurinn wird vor allem für seinen modernen Stil und die fabelhafte Akustik gelobt sowie für die Tatsache, dass man beim Bau isländische Rohmaterialien wie Fichte und Stein verwendet hat.

37 GRÜNER HUT / GRÆNI HATTURINN

37 GRÜNER HUT / GRÆNI HATTURINN

Hafnarstræti 96
600 Akureyri
Nordosten
+354 461 4646
@graenihatturinn

Die Bühne des Grünen Hutes in Akureyri zieht sowohl einheimische als auch internationale Künstler an. Häufig sieht man am Abend lange Warteschlangen vor der Tür, doch die hippe Crowd, erfrischende Drinks und die angesagten Beats sind Lohn genug fürs Anstehen. Das ganzjährige Veranstaltungsprogramm ist randvoll mit Musik aus verschiedenen Genres; ein weiterer Beweis, dass das Nachtleben in Akureyri völlig unterschätzt wird. Der Laden fasst bis zu 200 Personen. Vor der Bühne befinden sich gemütliche Sitzplätze an runden Tischen.

63 HÜGEL VON LANDMANNALAUGAR

ENTDECKUNGEN

Berühmte DREHORTE

38 STAR WARS IN HJÖRLEIFSHÖFÐI

Mýrdalssandur
871 Vík í Mýrdal
Süden
+354 487 1480
south.is

Ein 3,4 Kilometer langer Rundweg im Süden Islands führt zum Grabhügel von Hjörleifur, der von Wildblumen und der schwarzen Sandstrandküste von Mýrdalssandur umrahmt wird. Der 221 Meter hohe Inselberg Hjörleifshöfði ist nach dem Bruder des ersten Siedlers, Ingólfur Arnarsson, benannt. Die Gegend diente als Drehort für *Rogue One: A Star Wars Story* und steht für den Planeten Lah'mu. Eine Attraktion in der Nähe, Gýgagjá, wird davon unabhängig »Yoda-Höhle« genannt, da der von der Küstenerosion geformte Höhleneingang dem spitzohrigen Außerirdischen erstaunlich ähnelt.

39 JAMES BOND UND LARA CROFT IN DER JÖKULSÁRLÓN-LAGUNE

Jökulsárlón
781 Höfn í Hornafirði
Osten
+354 483 4601
south.is/en

Die Gletscherlagune Jökulsárlón ist ein nostalgischer Ort für Fans des Actionfilms und für Kinder der 90er. Denn nicht nur erlebte auf diesem glitzernden Eissee Pierce Brosnan als 007 eine Verfolgungsjagd im 2002-Streifen *Stirb an einem anderen Tag*, Jökulsárlón stand auch in den ersten Minuten von *Lara Craft: Tomb Raider* (2001) für Sibirien. Angesichts der aquamarinblauen Lagune ist einem schnell klar, warum sie auf Zelluloid gebannt wurde.

40 **GAME OF THRONES IN MÝVATN**

Lavafelder von Dimmuborgir und Grjótagjá-Höhle660 Mývatn Nordosten
+354 867 8723
visitmyvatn.is

In allen acht Staffeln nutzte HBO für George R.R. Martins *Game of Thrones* Island als Drehort für den nördlichsten Teil von Westeros, »Jenseits der Mauer«. Ein bedrohlicher Ort, wo Wildlinge, Weiße Wanderer und gefährliche Stürme darum wetteifern, es den Abenteurern so schwer wie möglich zu machen – ob Lennister, Stark oder Targaryen. Besucher von Mývatn erkennen die Felsformationen von Dimmuborgir als das Wildlingscamp von Manke Rayder in Staffel 3. Die Grjótagjá-Höhle in der Nähe war Schauplatz von Jon Schnees intimer Begegnung mit Ygritte.

41 **WALTER MITTY IN STYKKISHÓLMUR**

340 Stykkishólmur Westen
+354 433 8100
stykkisholmur.is

Den Fans des Ben-Stiller-Films *Das erstaunliche Leben des Walter Mitty* (2013) wird Stykkishólmur bekannt vorkommen. Der Ort soll Grönland darstellen und ist Schauplatz einer Szene mit Kristen Wiig, die den David-Bowie-Song *Space Oddity* singt. Das bringt Walter dazu, in einen Helikopter zu steigen, der von einem betrunkenen Seemann geflogen wird – gespielt vom isländischen Star Ólafur Darri –, um über die Inseln von Breiðafjörður zu fliegen. Andere Orte wurden für Szenen in Afghanistan und dem Himalaya verwendet, was die Vielseitigkeit der isländischen Landschaft beweist.

42 PROMETHEUS AM DETTIFOSS

Über die Route 864 in Richtung Osten und Route 862 in Richtung Westen
661 Mývatn
Nordosten
+354 462 3300
northiceland.is

2012 kehrte Ridley Scott mit *Prometheus – Dunkle Zeichen* zu seinem erfolgreichen Alien-Franchise zurück. Ein epochaler Science-Fiction-Film über eine Gruppe von Forschern, die einen Hinweis zum Ursprung der Menschheit finden, nur um sich dabei furchterregenden interstellaren Gebilden zu offenbaren. In der Eröffnungsszene trinkt ein humanoider Alien eine mysteriöse Flüssigkeit und löst sich kurz darauf in einem Wasserfall auf. Diese Szene wurde am Dettifoss gedreht, dem mächtigsten Wasserfall Europas und der beliebtesten Naturattraktion in Islands Nordosten. Er ist Teil der Diamond-Circle-Route, an der auch die Ortschaft Húsavík und die hufeisenförmige Ásbyrgi-Schlucht liegen.

Verwitternde
(SCHIFFS-)WRACKS

43 SCHIFFSWRACK DER ÞORGEIR GK

Austurgata 2
340 Stykkishólmur
Westen
+354 691 5663
kontiki.is

Die Þorgeir GK ist ein in Deutschland gebauter Stahl-Trawler der ersten Generation und wurde für den Fischfang in isländischen Gewässern eingesetzt. In den 1980er-Jahren drückte ein Sturm das Schiff gegen die Felsenküste der Insel Landey, wobei es beinah vollständig umkippte. Seitdem hat es sich nicht mehr bewegt. Am besten besucht man das Wrack mit Kontiki Kayaking, das mit den Besuchern bis zum rostigen Schiffskörper paddelt, bevor es weitergeht auf eine Tour um die Küsteninseln von Breiðafjörður.

44 WRACK DES DC-3-FLUGZEUGS

870 Sólheimasandur
Süden

Das DC-3-Flugzeugwrack wirkt in den unendlichen Weiten der Sólheimasandur-Wüste wie ein deplatzierter, von Menschenhand geschaffener Orientierungspunkt. Dennoch wurde es zu einem Synonym für das Reiseziel Island. Das am 21. November 1973 abgestürzte US-Navy-Flugzeug liegt wie ein rostiger Metall-Alien in der Landschaft und ist den Elementen ausgesetzt. Glücklicherweise haben alle Passagiere überlebt. Das Wrack lockt unzählige Neugierige an, auch wenn man auf die Wanderung dorthin bei nebligem Wetter besser verzichten sollte.

45 **SCHIFFSWRACK DER GARÐAR BA 64**

Über Straße 612
451 Patreksfjörður
Westfjorde
+354 450 8060
Westfjorde.is

Die Garðar BA 64, 1912 in Norwegen gefertigt, ist das älteste Stahlschiff, das jemals vor der isländischen Küste gefischt hat. Heute liegt das Wrack auf einem Sandstrand, 20 Meter vom Ozean entfernt. Die abblätternde braune Farbe kontrastiert perfekt mit den grünen Hängen dahinter. Ein toller Stopp für Fotografen auf der Jagd nach dem ultimativen Westfjord-Motiv.

46 **SCHIFFSWRACK AUF DER INSEL FLATEY**

345 Insel Flatey
Westen
west.is

Flatey wartet an seiner stürmischen Küste mit zwei berühmten Schiffswracks auf. Das erste und besser erhaltene, die Gísli Magnússon SH 101, wurde 1947 erbaut. Nach einem Maschinenausfall vor Stykkishólmur wurde das Schiff zur Insel Flatey geschleppt, wo es bis heute vor sich hin rostet. Über das andere Wrack ist weniger bekannt. Ein Großteil des Schiffskörpers ist leer, wie ein Gerippe, das man in den Sand gedrückt hat. Beide Wracks sind lohnende Fotomotive bei einer Inselwanderung.

47 **HNJÓTUR MUSEUM**

Örlygshöfn
451 Patreksfjörður
Westfjorde
+354 456 1511
hnjotur.is

Diese Sammlung historischer Artefakte ist Egils Ólafsson gewidmet, einem Einheimischen der Westfjorde, dessen Vermächtnis sich in den Schiffswracks, Ackergeräten und Möbeln wiederfindet. Hier erfährt man mehr über die dramatischen Bergungsarbeiten auf den Látrabjarg-Klippen, als der Trawler Sargon 1948 bei rauer See an Land trieb. Die starken Windböen machten eine Rettung von Meeresseite aus unmöglich, und so wagten sich die Küstenwache und Bauern mit einfachen Seilen und Geschirren die Abgründe hinunter und retteten sechs Leben.

DUNKLE GEHEIMNISSE,

die man kennen sollte

48 **HÓLAVALLA-GARÐUR-FRIEDHOF**
Suðurgata
102 Reykjavík
Hauptstadtregion
+354 585 2700
kirkjugardar.is

Der Hólavallagarður-Friedhof verspricht nachdenklich machende Einblicke ins Leben früherer Generationen. Der baumbestandene, mit rissigen Grabsteinen gesprenkelte Friedhof aus dem 19. Jahrhundert liegt nicht weit vom See Tjörnin in Reykjavík entfernt. Der Sage nach blieb er zunächst sechs Jahre lang unbenutzt, weil man glaubte, dass die erste hier bestattete Person bis in alle Ewigkeit als Friedhofspfleger herumgeistern würde.

48 HÓLAVALLAGARÐUR-FRIEDHOF

49 LAUGARDÆLA-KIRKJA / GRAB VON BOBBY FISCHER

Laugardælir
801 Selfoss
Süden

Hier ruht Bobby Fischer, einer der begnadetsten und umstrittensten Schachgroßmeister. Als 11. Weltmeister setzte sich Bobby Fischer nach vielen Jahren als Emigrant in Island zur Ruhe. Die USA hatten einen Haftbefehl gegen ihn erlassen, nachdem er 1992 in einem inoffiziellen Rückkampf gegen Boris Spassky in Jugoslawien gespielt hatte, das damals unter einem UN-Embargo stand. Fischers politische Ansichten waren nach heutigen Standards bigott, doch sein Einfluss auf die Schachwelt ist nicht zu leugnen. Ein Besuch an seinem Grab in Laugardælakirkja ist eine einzigartige und kontemplative Erfahrung. Ebenfalls zu sehen ist eine Kunstinstallation von Sigurður Hansen, die mit auf Steinen gesetzten Eisenkreuzen an die 111 Männer erinnert, die hier ihr Leben ließen.

50 SCHLACHTFELD VON HAUGSNES

Blönduhlíð
560 Varmahlíð
Nordwesten

Das Schlachtfeld von Haugsnes, ein Muss für jeden Geschichtsfan, ist eine idyllische, von Hügeln umrahmte Wiese. Der einzige Bürgerkrieg Islands, das Zeitalter der Sturlungs, dauerte von 1220 bis 1264. Als Hákon der Alte von Norwegen beschied, seine Herrschaft über die Insel auszuweiten, entbrannte unter den Clans ein Kampf um Macht und Kontrolle. Dennoch wurde sein Wunsch erfüllt: Die Isländer blieben bis 1380 unter norwegischer Herrschaft. Das grüne Gelände dieses aufgegebenen Gehöftes war die Kulisse für den blutigsten Teil des Konflikts. Zu dieser historischen Stätte gelangt man über den Sturlunga-Wanderweg in Skagafjörður.

51 SKÁLHOLT

Skálholt
801 Selfoss
Süden
+354 486 8801
skalholt.is

Als Bischofssitz war Skálholt ein wichtiger Ort in Island, ein Zentrum für Politik und Kultur, dessen Blüte von 1056 bis 1785 reichte. Er diente als letzte katholische Bastion des Landes, bis Bischof Jón Arason und seine Söhne hier 1550 hingerichtet wurden – ein Ereignis, das mit der Zerstörung der ersten Kathedrale von Skálholt zusammenfiel. Ein neu errichteter Kirchenbau präsentiert sich heute mit prächtigen Buntglasfenstern der Bildhauerinnen Gerður Helgadóttir und Nína Tryggvadóttir. Mit seiner Gutshausatmosphäre und der bewegten Historie zieht Skálholt jedes Jahr Tausende Besucher an.

Unvergessliche MONUMENTE

52 **SKEIÐARÁ-BRÜCKENDENKMAL**
Neben der Straße 1
781 Skaftafell
Osten
south.is

Auf den ersten Blick könnte man denken, dass diese verbogenen Metallträger die Überreste einer seit Langem aufgegebenen Infrastruktur sind. Eine Tafel erklärt jedoch, dass es sich um ein Nationaldenkmal handelt, das an die zerstörerischen Kräfte der Natur erinnern soll. Die Skeiðará-Brücke war Teil der Ringstraße, doch nach dem Vulkanausbruch 1996 unterhalb des Vatnajökull-Gletschers wusch das Schmelzwasser alles mit sich fort, was im Weg stand. Vom Denkmal aus sieht man die Gletscherzungen Skeiðarárjökull und Svínafellsjökull.

53 **DENKMAL DES UNBEKANNTEN BÜROKRATEN**
Vonarstræti 3
101 Reykjavík
Hauptstadtregion

Dieses skurille Werk von Magnús Tómasson steht seit 1994 am Ufer des Tjörnin, direkt neben dem Rathaus von Reykjavík. Es zeigt einen Mann mit Aktenkoffer; Kopf und Oberkörper stecken in einem unbearbeiteten Stück Felsen. Der Effekt ist erheiternd wie tragisch und sagt viel über die Einstellung der Isländer zu harter Arbeit im Angesicht des Widerstands. Das Kunstwerk verwandelt die Anonymität eines durchschnittlichen Bürokraten zu einem der bekanntesten Kunstobjekte der Hauptstadt.

54 ABSCHNITT DER BERLINER MAUER

Borgartún
105 Reykjavík
Hauptstadtregion
visitreykjavík.is

Dieses 4 Tonnen schwere Betonstück der Berliner Mauer, das 2015 zunächst im Finanzviertel von Reykjavík aufgestellt wurde, unterstreicht die historische Bedeutung des Höfði-Hauses, in dem 1982 der Reykjavík-Gipfel stattfand. Das Monument ist ein Geschenk der Kunstgalerie Neu West Berlin an die isländische Hauptstadt anlässlich des 25-jährigen Jubiläums der deutschen Wiedervereinigung. Als Symbol lässt es uns über die physische und ideologische Teilung nachdenken, für die die Mauer stand.

55 DEUTSCHER GEDENKSTEIN IN VÍK Í MÝRDAL

Schwarzer Sandstrand von Víkurfjara
870 Vík í Mýrdal
Süden
visitvik.com

Von 1898 bis 1952 verschwanden über 80 deutsche Fischtrawler in isländischen Gewässern. Die meisten Überlebenden wurden an den schwarzen Küsten im Südwesten der Insel angespült. Über 1000 Seeleute ließen jedoch ihr Leben, was zeigt, dass die Schleppnetzfischerei rund um Island für die deutsche Fischereiflotte immens gefährlich war. Es ist einzig der Hilfe und dem Schutz der Einheimischen zu verdanken, dass einige dieser Männer überlebten. 2002 errichtete das Schifffahrtsmuseum Bremerhaven ein schlichtes Denkmal direkt außerhalb von Vík í Mýrdal, um an die Verdienste und Opfer der Vergangenheit zu erinnern.

54 ABSCHNITT DER BERLINER MAUER

56 BRÁKIN-DENKMAL

Brákarbraut 10
310 Borgarnes
Westen
west.is

Die Region Borgarnes ist der Hauptschauplatz der Egil-Sage. Eine wichtige Figur darin ist Egils Amme, Þorgerður Brák, zu deren Gedenken dieses Denkmal errichtet wurde. In der Geschichte riskiert Brák ihr Leben, als sie Egil vor seinem mörderischen Vater rettet. Statt sich seinem Zorn zu stellen, beschließt sie, sich von einem Fjord in die Tiefe zu stürzen. Das Brákin-Denkmal befindet sich auf der Klippe, von der sie angeblich gesprungen ist. Die Skulptur ähnelt einem großen geflügelten Rad und überblickt die Brücke und die Bucht von Borgarnes.

57 WORLDS-WITHIN-A-WORLD-MONUMENT

Alter Hafen
101 Reykjavík
Hauptstadtregion

Reykjavík ist die Heimat von CCP Games, den Schöpfern des Online-Universums EVE, wo die Spieler ein Raumschiff in einer Galaxie kontrollieren, die von interstellaren Imperien heimgesucht wird. In den letzten Jahren hat sich Island mehr und mehr zu einem Pionier der digitalen Unterhaltungsindustrie entwickelt, besonders dank der andauernden Popularität dieser Serie. Die Designer von CCP haben zum zehnten Geburtstag des EVE-Onlinespiels *Worlds Within a World* sogar ein Monument errichtet. Das von Sigurður Guðmundsson entworfene Kunstwerk wurde 2014 enthüllt. Auf der Oberfläche sind in winzigen Lettern die Namen von 500 000 Piloten/Spielern eingraviert.

Überraschende SELFIE-STOPPS

58 **SELFIE-STATION IN DER HALLGRÍMSKIRKJA**
Skólavörðuholti
101 Reykjavík
Hauptstadtregion
+354 510 1000
hallgrimskirkja.is

Heutzutage sind Selfies für viele Urlauber essenziell. Es reicht nicht mehr nur aus, einen Ort einfach zu besuchen – man muss es auch mit Tausenden, fast identischen Selbstporträts, jedes vor einer anderen Kulisse, beweisen. Diesen Trend bedient die Hallgrímskirkja in Reykjavík nur zu gern. Die Selfie-Station vor dem Haupteingang liefert den perfekten Rahmen für eine lächelnde Aufnahme vor dem bekanntesten Wahrzeichen der Stadt. Mit wenigen Klicks kann man so die Freunde daheim vor Neid erblassen lassen. Oh, die Freuden der sozialen Medien!

59 **HVERNIG-GENGUR-TELEFONZELLE**
Hafnargata-Straße
710 Seyðisfjörður
Osten

Diese vor sich hin rostende Skulptur kennt man unter dem Namen *How's it Going? Phonebox*. Sie wurde vom isländischen Künstler Guðjón Ketilsson entworfen und erinnert an das erste Telegrafenkabel des Landes. Das Denkmal auf einem Grashügel nördlich von Seyðisfjörður eignet sich besonders für alle, die auf der Suche nach verborgenen Attraktionen mitten in der Landschaft sind. In der Nähe steht auch die *Tvísöngur*-Klangskulptur.

60 **TOMATENHOF FRIÐHEIMAR**

Reykholti,
Bláskógabyggð
806 Selfoss
Süden
+354 486 8894
fridheimar.is

Bei Friðheimar bekommt man viel mehr als nur die drei Biotomatensorten, für die man sie überall in Island kennt. Zum einen kann man hier prima in einem der Gewächshäuser speisen. Wenn Sie gern für Instagram Essen fotografieren, dann finden Sie bei Friðheimar die passenden Gerichte. Bevorzugen Sie eher Selfies, stellt Ihnen das üppige Grün der Treibhäuser die perfekte, gesundheitsstärkende Kulisse zur Verfügung. Man kann auch an einer Tour durch die Gewächshäuser teilnehmen, um zu erfahren, wie man hier das ganze Jahr über mithilfe geothermaler Energie saftige Produkte anbaut.

61 **SEEGRASBÄDER VON SJÁVARSMIÐJAN**

Vesturbraut 2
380 Reykhólahreppur
Westfjorde
+354 859 8877
sjavarsmidjan.is

Die Seegrasbäder von Sjávarsmiðjan sind perfekt für alle, die einen erholsamen und gleichzeitig belebenden Boost für den Körper suchen. Die gesundheitsfördernden Eigenschaften von Seegras sind nicht zu unterschätzen. Reich an Antioxidantien steigern Seegrasbäder nicht nur die Elastizität der Haut, was die Zeichen der Hautalterung mindert, sie helfen auch bei Hautkrankheiten und Cellulite. Abgesehen davon ist dies eine einzigartige Möglichkeit, um ein paar Bilder von sich selbst mit einem Seegras-Facial zu posten. Nach einem Besuch in diesem wohltuenden Spa fühlt man sich herrlich erfrischt.

62 WEIHNACHTSHAUS

Sveinsbær,
Hrafnagil
601 Akureyri
Nordosten
+354 463 1433
port.is

Wer behauptet hat, der Weihnachtsmann stamme aus Lappland (oder vom Nordpol, je nachdem, wen man fragt), hat offenbar noch nie diese Werkstatt im Norden Islands besichtigt. Das Weihnachtshaus ist toll für Kinder, die hier einen unterhaltsamen und einzigartigen Einblick in isländische Weihnachtstraditionen erhalten. Die Erwachsenen genießen traditionelles Räucherfleisch in festlicher Atmosphäre, bevor sie im Anschluss den Kleinen den Wunschbrunnen zeigen. Ein Besuch wird garantiert Ihre Weihnachtsstimmung heben und Ihnen die perfekte Kulisse für ein paar Weihnachtsbilder für die Verwandtschaft bescheren.

Atemberaubende

AUSSICHTSPUNKTE

63 **HÜGEL VON LANDMANNALAUGAR**
FJALLABARK-NATURRESERVAT, HOCHLAND
Route 26 bis 208
Süden
+354 893 8407
(Campingplatz Landmannalaugar)
south.is

Landmannalaugar (»Die warmen Quellen der Leute von Landsveit«) wurde benannt nach den vielen dampfenden Geothermalquellen, mit denen die Schafhirten früher ihre Herden im Winter warm gehalten haben. Bei einer Wanderung auf den Pfaden von Landmannalaugar tauchen Sie ein in eine kunterbunte Hügelwelt, denn das Rhyolithgestein wirft das Sonnenlicht in allen nur erdenklichen Farben zurück.

64 FELSENTOR VON DYRHÓLAEY

Abzweigung der Route 218
871 Vik í Mýrdal
Süden
+354 487 1480
south.is

Der Küstenweg in Dyrhólaey ist eine beliebte Touristenattraktion. Er befindet sich vor dem schwarzen Sandstrand von Reynisfjara, wenn man von der Hauptstadt kommt. Wer auf dem höchsten Punkt der Anhöhe steht, genießt einen atemberaubenden Blick auf die Wiesen, die Vogelklippen und die Küste Südislands. Der Leuchtturm von Dyrhólaey ist von hier aus gut zu Fuß zu erreichen. Wer von unten schaut, kann das majestätische Felsentor bestaunen, das sich dramatisch aus dem Ozean erhebt.

65 DER GIPFEL DES ESJA

Mógilsá, Parkplatz am Esja
162 Reykjavík
Hauptstadtregion
+354 562 2500
helicopter.is

Die aktiveren Locals joggen oder fahren regelmäßig an den Wochenenden mit dem Rad auf den Berg Esja. Freizeitwanderer allerdings benötigen für dieselbe Strecke zur Spitze um die 3,5 Stunden. Selbst im Sommer liegt in den Höhenlagen immer noch eine dünne, malerische Schneeschicht. Eine spannende Möglichkeit, zum Gipfel des Esja zu gelangen, ist ein Helikopterflug, nicht nur wegen des unglaublichen Blicks auf die bunten Dächer von Reykjavík, sondern auch, weil man so viel schneller oben ankommt als jeder Wanderer.

66 **AUSSICHTSPUNKT IM ÞINGVELLIR-NATIONALPARK – HAKIÐ**

ÞINGVELLIR-NATIONALPARK
801 Selfoss
Süden
+354 482 2660
thingvellir.is

Der Þingvellir-Nationalpark ist eine der beliebtesten Sehenswürdigkeiten Islands. 40 Minuten von Reykjavík entfernt macht er etwa ein Drittel der Golden-Circle-Route aus, deren weitere wichtige Punkte der Gullfoss-Wasserfall und das Geothermalgebiet Haukadalur sind. Wer nur schnell hindurchfährt, verpasst eventuell das Besucherzentrum am oberen Rand der Almannagjá-Verwerfung. Hier, am Hakið-Aussichtspunkt, überblickt man den ganzen Park: Þingvallavatn-See samt Zuflüsse, Berge, Þingvallakirkja und in der Ferne die eurasische Kontinentalplatte. Der Blick von Hakið auf Þingvellir gehört zum Pflichtprogramm.

67 **BLICK IN DEN VULKAN ÞRÍHNÚKAGÍGUR**

TREFFPUNKT: PARKPLATZ BLÁFJÖLL
Bláfjallavegur 1
203 Kópavogur
Hauptstadtregion
+354 519 5609
insidethevolcano.com

Nicht weit von der Hauptstadt entfernt schläft der Þríhnúkagígur, ein Vulkan, der seit über 4000 Jahren nicht mehr ausgebrochen ist. Mittels einer Seilbahn gelangen die Besucher 120 Meter tief in die offene Caldera, wo sie dann mit eigenen Augen sehen, warum das Naturphänomen so gepriesen wird. Überall sind leuchtend rote, orange und violette Felsen, ihre Farbe und Beschaffenheit für immer erstarrt dank der einst schwelenden Hitze. Um den Þríhnúkagígur zu erreichen, muss man drei Kilometer wandern, weshalb ein gewisses Maß an Fitness Voraussetzung ist.

68 PERLAN-MUSEUM UND AUSSICHTSTERRASSE

Öskjuhlíð
105 Reykjavík
Hauptstadtregion
+354 566 9000
perlan.is

Das Perlan mit seinen beeindruckenden Exponaten und dem berühmten Kuppelprofil ist eines der bekanntesten Museen in Reykjavík. Innen gibt es einen 100 Meter langen Nachbau einer Eishöhle sowie ein Planetarium mit Polarlichtershow zu sehen. Der größte Pluspunkt des Museums ist jedoch die Aussichtsterrasse, von der aus man einen 360-Grad-Blick über die bunte isländische Hauptstadt an der Faxaflói-Bucht genießt. Wenn Sie nach noch mehr Gründen für einen Besuch suchen: Vor Kurzem wurden zwei 230 Meter lange Seilrutschen an der Terrasse angebracht, mit denen die Gäste über die Kiefernwipfel des Öskjuhlíð-Hügels sausen können. Im Sommer freuen sich besonder Familien über eine Hüpfburg sowie ein aufblasbares Sprungkissen im Garten.

Höfði

BAUWERKE

Tolle TORFHÄUSER

69 **LAUFÁS**
Laufás
616 Grenivík
Nordosten
+354 895 3172
minjasafnid.is

Die ersten Siedler brauchten fast den gesamten Baumbestand Islands für den Schiffs- und Hausbau sowie als Brennmaterial auf. Deshalb mussten nachfolgende Generationen beim Bau ihrer Unterkünfte für die langen Winter kreativ werden. Bald waren für Arm wie Reich Torfhäuser die übliche Art der Unterbringung. Die Torfhäuser von Laufás des Akureyri-Museums sind ein ausgezeichnetes Beispiel für eine damalige prächtige Residenz. Das Gutshaus mit Pfarrei bot Platz für bis zu 30 Personen. All das können Besucher im Sommer besichtigen. Dazu gehört auch eine kleine Kirche von 1865. Der letzte Bewohner verließ Laufás 1937.

70 **FREILICHTMUSEUM SKAGAFJÖRÐUR**
Glaumbær
560 Varmahlíð
Nordwesten
+354 453 6173
glaumbaer.is

Die Siedlung Glaumbær wurde bereits im Jahr 874 gegründet und war bis 1947 bewohnt. Die letzten Bauten dieses Dorfes mit 13 Häusern wurden zwischen 1876 und 1879 errichtet, sodass die Besucher hier garantiert jede Menge Historie finden. Seit 1952 wird Glaumbær vom Freilichtmuseum Skagafjörður erhalten. Bekannt ist es vor allem als Wohnort von Snorri Þorfinnsson (1010–1090), den viele für den ersten Europäer halten, der in Nordamerika, damals Vínland, zur Welt gekommen ist.

71 **SKÓGAR-MUSEUM**

Skógar
861 Hvolsvöllur
Süden
+354 487 8845
skogasafn.is

Das erste Torfhaus, das man im Skógar-Museum ausstellte, wurde 1968 von seinem ursprünglichen Standort hierher transportiert. Ziel war es, die für den Süden Islands typische Bauweise einem breiten Publikum vorzustellen. Seitdem sind sechs weitere komplette Torfhäuser hinzugekommen. Sie alle illustrieren, wie die Isländer einst ohne moderne Annehmlichkeiten gelebt und gearbeitet haben. Heute ist das Skógar in drei Themenbereiche untergliedert: ein Heimatkundemuseum mit über 15 000 Artefakten, ein Freilichtmuseum, das die historische Architektur zeigt, und ein Technikmuseum, das sich mit isländischem Verkehr und isländischer Kommunikation durch die Jahrhunderte befasst.

72 **GRENJAÐARSTAÐUR – DER ALTE BAUERNHOF**

Grenjaðarstaður
641 Húsavík
Nordosten
+354 464 3688
northiceland.is

Grenjaðarstaður im Norden Islands war einst Heimat regionaler Häuptlinge, die man unter dem Begriff Goðar kannte. Heute ist der Hof die bekannteste Gruppe von Torfhäusern in Island. Über 1000 Artefakte sind hier ausgestellt, und es gibt ein Pfarrhaus, eine Post und eine Kirche. Grenjaðarstaður ist damit die größte Ansammlung historischer Häuser in Island. Mit ihren hellen weißen Fronten, den grünen Dächern und der rustikalen Holzeinrichtung ist ein Besuch hier wie eine Reise zurück in die Zeit.

71 SKÓGAR-MUSEUM

73 ÞVERÁ Í LAXÁRDALUR

Laugar
641 Húsavík
Nordosten
+354 530 2200
thjodminjasafn.is

Diese neun Þverá-Torfhäuser wurden um 1849 herum in einem grünen Lavafelsental namens Laxárdalur errichtet. Ihre dunklen Torfdächer sind mit Zwergbirken isoliert, und die niedrigen Wände bestehen aus Hyaloklastitblöcken aus Stein und Mörtel, sodass man hier einen faszinierenden Einblick in die Konstruktionsmethoden vergangener Zeiten erhält. Þverá ist vor allem bekannt für die Wasserläufe, die direkt in die Gebäude strömen – diese Konstruktion ermöglichte es den Bewohnern, Wasser zu schöpfen, ohne vor die Tür treten zu müssen. Die Häuser befinden sich seit 1968 im Besitz des isländischen Nationalmuseums und sind nur 13 Kilometer entfernt von den Grenjaðarstaður-Torfhäusern.

Entlegene LEUCHTTÜRME

74 HAFNARNES-LEUCHTTURM

Hafnarnes
815 Þorlákshöfn
Süden
+354 483 4601
south.is

Der kleine weiße Leuchtturm beim Städtchen Þorlákshöfn ist für Besucher zwar nicht mehr geöffnet, bietet aber vom Aussichtspunkt auf den Klippen aus einen malerischen Anblick. Es gibt doch nichts Schöneres, als ein Leuchtfeuer isländischer Geschichte zu betrachten, das stolz die Stellung hält, während unten die Wellen rhythmisch ausrollen. Seien Sie nicht überrascht, wenn Sie Leute im Wasser sehen: Der Küstenabschnitt ist bei Surfern beliebt. Einen weiteren Turm mit demselben Namen und orangefarbenem Anstrich findet man im Osten Islands, nördlich von Stodvarfjordur.

75 KNARRARÓSVITI-LEUCHTTURM

Knarrarósviti
801 Selfoss
Süden
+354 483 4601
south.is/en

Der Leuchtturm Knarrarósviti ist seit seiner Vollendung 1939 das höchste Gebäude Islands. Ein weiterer Entwurf von Axel Sveinsson, der es mit seiner 26,20 Meter hohen Konstruktion geschafft hat, Funktionalität und Jugendstil in Einklang zu bringen. Der Turm, dem immer noch die Farbe fehlt, ist ein perfekter, wenig frequentierter Ort, um Polarlichter zu sehen.

76 AKRANES-LEUCHTTURM

Breiðargata
300 Akranes
Westen
+354 437 2214
west.is

Am Ende einer romantischen Küstenpromenade stehen zwei Leuchttürme. Der erste, 1918 errichtet, ist ein 10 Meter hoher Betonquader, der seit 1947 stillgelegt ist. Das zweite Warnlicht, neun Meter höher, wurde 1944 fertiggestellt und basiert auf den Plänen des Bauingenieurs Axel Sveinsson, der auch für viele weitere Leuchttürme in Island verantwortlich ist. Dieser neuere Turm ist für Besucher geöffnet. Er ist vor allem berühmt wegen des Ausblicks und der Akustik innen, die ihn im Lauf der Zeit zu einem exklusiven und gefragten Veranstaltungsraum gewandelt hat.

77 ÞRÍDRANGAR-LEUCHTTURM

BESUCHEN MIT: HELO
Mörkin 3
108 Reykjavík
Hauptstadtregion
+354 561 6100
helo.is
flyovericeland.com

Þrídrangar gilt als einer der seltsamsten und spektakulärsten Leuchttürme der Welt. Er scheint auf der Spitze einer Felsensäule zu balancieren, die zusammen mit anderen bedrohlich aus dem Meer ragt. Angesichts dieser einsamen Lage wird Þrídrangar nur selten besucht. Die Arbeiten an dem Leuchtturm begannen 1938 und setzten einen großen Wagemut voraus. Die Klippen ragen fast senkrecht aus den schäumenden Wogen des Atlantiks, was den Aufstieg unberechenbar macht. Dank des Wunders der Luftfahrttechnik kann man den Leuchtturm heute bei einem Helikopterrundflug aus der Luft bestaunen.

78 LEUCHTTÜRME VON DALATANGI

Dalatangi
715 Mjóifjörður
Osten
+354 570 1300
visitfjardabyggd.is

Der erste, 1895 errichtete Leuchtturm im Mjóifjörður-Fjord wurde 1908 außer Betrieb gesetzt, als wenige Meter weiter ein neuer gelber Turm erbaut wurde. An diesem Fjord leben nur 16 Menschen – perfekt für Reisende, die in der schönen Landschaft des Ostens die Einsamkeit suchen. Den ersten Turm errichtete Otto Wathne, ein dänischer Schiffsbauer, der in Seyðisfjörður wohnte und arbeitete. Der Turm könnte somit als eine Art Monument für Islands Rolle als Handelshafen für Europa dienen.

76 AKRANES-LEUCHTTURM

MARKADUR

Faszinierende **KIRCHEN**

79 **STAFKIRKJAN / STABKIRCHE HEIMAEY**

Skansinn
900 Westmänner-inseln
Süden

Imposant. Ungewöhnlich. Fantastisch. Alle diese Attribute treffen auf die Stabkirche von Heimaey auf den Westmännerinseln zu. Die norwegische Regierung stiftete diesen Bau zur Jahrtausendfeier der Bekehrung Islands zum Christentum im Jahr 1000. Das Gebäude ist eine nahezu perfekte Replik der Stabkirche im norwegischen Haltdalen von 1170, was die fremdländische Ästhetik erklärt.

80 **SEYÐISFJARÐAR-KIRKJA / BLAUE KIRCHE**

Bjólfsgata 10
710 Seyðisfjörður
Osten
blaakirkjan.is

Diese historische hellblaue Kirche am Ende einer regenbogenfarbigen Straße ist das berühmteste Wahrzeichen der Ortschaft Seyðisfjörður – ein super Fotomotiv im abgeschiedenen Osten des Landes. Die Seyðisfjarðarkirkja wurde 1922 geweiht und ist das Ergebnis der Bemühungen des Frauenvereins von Seyðisfjörður. Sie ist im traditionellen norwegischen Holzbaustil errichtet.

81 BÚÐAKIRKJA / SCHWARZE KIRCHE

Búðir
356 Snæfellsbær
Westen

Die Búðakirkja mit ihrer pechschwarzen Turmspitze, den weißen Holztüren und einem schlichten Design ist ein reizvoller Zwischenstopp auf der Snæfellsnes-Halbinsel. Das unterkühlte Ambiente steht in einem überwältigenden Kontrast zu den Lavaebenen und Bergen und verleiht dem Bauwerk eine attraktive, doch gleichzeitig unheimliche Präsenz. Das ursprüngliche Gebäude stammt von 1703. Glocke und Altarkelch aus dieser Zeit kann man heute noch besichtigen.

82 KIRCHE VON FLATEY

345 Flatey
Westen
+354 437 2214
west.is

Hinter der Kanzel der Kirche von Flatey hängt ein Gemälde von einem Jesus Christus, der dem Filmregisseur Baltasar Kormákur ähnelt – kein Wunder, denn der Künstler war sein Vater, Baltsar Samper. Weitere Bilder an den Wänden und der Decke zeigen Fischer und Arbeiter, die mit den Urgewalten der Natur in Einklang leben. Alle lebten einst auf der Insel Flatey. Das Kircheninnere steht in auffälligem Kontrast zu ihrem Äußeren; bescheiden und aus einer längst vergangenen Zeit, mit einem Kirchturm, der den höchsten Punkt der Insel markiert.

Berühmte RESIDENZEN

83 **RUINEN DES GUTSHAUSES VON SNORRI STURLUSON**

Snorrastofa
311 Reykholt
Westen
+354 433 8000
snorrastofa.is

Archäologen enthüllten viele Erkenntnisse darüber, wie der mittelalterliche Dichter, Häuptling und Historiker Snorri Sturluson in seinem Haus in Reykholt gelebt hat. Sein Geothermalbecken, Snorralaug, war eines der ersten Dinge, die hier entdeckt wurden. Man hat es so rekonstruiert, wie es im *Landnahmebuch* beschrieben wurde. Obwohl vieles von Torf bedeckt ist – auch die Treppe, auf der Snorri ermordet wurde –, bietet das Museum einen guten Einblick in das Leben des berühmten Staatsmanns.

84 **HÖFÐI-HAUS**

Borgartún 1
105 Reykjavík
Hauptstadtregion
+354 552 5375
visitreykjavík.is

Das Höfði-Haus steht zwar an der stark befahrenen Sæbraut-Straße, doch die meisten Reisenden schenken ihm trotz seiner historischen Bedeutung kaum Beachtung. Im Oktober 1986 fand hier der Reykjavík-Gipfel zwischen US-Präsident Ronald Reagan und dem Generalsekretär der Sowjetunion, Michael Gorbatschow, statt. Obwohl die Unterredungen nicht zum Ende des Kalten Krieges führten, ist man sich einig, dass die hier erzielten Fortschritte entscheidend zum Frieden zwischen den beiden Supermächten beitrugen. In der Nähe sind das Konzert- und Konferenzhaus Harpa und die *Sun-Voyager*-Skulptur sehenswert.

85 NORWEGISCHES HAUS

Hafnargata 5
340 Stykkishólmur
Westen
+354 433 8114
norskahusid.is

Das Norwegische Haus in Stykkishólmur ist außergewöhnlich dank seiner pechschwarzen Farbe und der prominenten Lage am Hafen. Es wurde 1832 mit aus Norwegen importiertem Holz erbaut und ist das älteste zweigeschossige Haus Islands. Heute befindet sich hier das Heimatmuseum. Im dazugehörigen Laden kann man sich wunderbar mit Andenken und Süßwaren eindecken.

86 GLJÚFRASTEINN

271 Mosfellsbær
Hauptstadtregion
+354 586 8066
gljufrasteinn.is/en/home

Halldór Laxness ist Islands einziger Nobelpreisträger. 1955 erhielt er den Literaturnobelpreis. Sein Wohnhaus in Mosfellsbær, das sich seit jener Zeit kaum verändert hat, ist heute ein ihm gewidmetes Museum. Eine Multimediapräsentation in der Lobby erklärt Laxness' Werke vor dem Hintergrund der kulturellen Umwälzungen zu jener Zeit. Island entwickelte sich von einer landwirtschaftlich und vom Fischfang geprägten Insel zu einer der wohlhabendsten Nationen der Welt. Wenn Sie von Reykjavík aus in Richtung Þingvellir-Nationalpark fahren, halten Sie Ausschau nach dem weißen Gebäude, vor dem ein 1968er Jaguar geparkt ist.

NORSKA HÚSID

92 **BOTANISCHER GARTEN IN AKUREYRI**

ORTE

VERLASSENE ORTE,

die einen Besuch lohnen

87 **ALTE HERINGFABRIK**
Djúpavík
524 Árneshreppur
Westfjorde
djupavik.is

Diese in den 1950er-Jahren aufgrund der rapide sinkenden Heringsgründe geschlossene Fabrik war einst das größte Betongebäude Islands. Zwar warten die riesigen Steinschlote heute nur darauf, in sich zusammenzustürzen, doch noch sind sie der höchste Punkt der Geisterstadt. Wenige Meter weiter ergießt sich ein malerischer Wasserfall, und am Ufer dümpelt ein ausgedientes Personalschiff. Dieser Gegensatz von atemberaubender Natur und hässlicher Industrierelikte wirkt verstörend. Ásbjörn und seine Frau Eva erwarben das Gelände in den 1980er-Jahren. Sie sind auch verantwortlich für das Krossneslaug-Bad und das Museum für Hexerei und Zauberei in Hólmavík. Verwechseln Sie diese aufgegebene Fabrik nicht mit jener weiter nördlich in Ingólfsfjörður, die eine ähnlich beunruhigende Atmosphäre verströmt.

88 VERLASSENES BAUERNGUT DAGVERÐARÁ

Bei Hellnar
356 Snæfellsbær
Westen

Das Bauerngut Dagverðará, ein altes Betonhaus von 1930, wurde in den 1970er-Jahren aufgegeben. Heute steht es wie ein architektonisches Gerippe auf den westlichen Lavaebenen der Snæfellsnes-Halbinsel. Ein unschlagbares Motiv für Fotografen, die Zeichen menschlicher Besiedelung in ihren Bildern vom Snæfellsjökull-Gletscher einfangen möchten, der sich majestätisch hinter dem Gebäude erhebt.

89 FILMSET WIKINGERDORF

Am Viking Cafe, Horni
781 Höfn í Hornafirði
Osten
+354 478 2577
vikingcafe.is

Inmitten der spitzen Gipfel der Stokksnes-Halbinsel stößt der überraschte Reisende auf die verwitternden Ruinen von etwas, das wie ein Dorf aus der Wikingerzeit anmutet. Doch eigentlich ist es die Kulisse für einen Film von 2010, der es nicht auf die Leinwände geschafft hat. Die Gegend am Fuß des Vestrahorn ist gleichsam friedvoll wie dramatisch, nicht zuletzt wegen dieses vergessenen Backlots.

90 VERLASSENES GEHÖFT

Heiði
Langanes-Halbinsel
Nordosten

Auf dem 40 Kilometer langen Streifen der Langanes-Halbinsel (»langen Halbinsel«) steht ein verfallenes Gehöft von 1932, das 20 Jahre später bereits wieder aufgegeben wurde. Die Ruine mit glaslosen Fenstern, schmutzig grauem Beton und rostrotem Dach ist ein wahrer Schatz für alle, die gern eine atemberaubende Landschaft mit einer unheilvollen Atmosphäre in ihren Island-Fotos festhalten möchten.

91 RUINEN AUS DEM ZWEITEN WELTKRIEG

Öskjuhlíð Hill
105 Reykjavík
Hauptstadtregion

Zwischen Kiefern und hohem Gras des Perlan-Museums liegen zwei zerstörte Bunker aus dem Zweiten Weltkrieg. 1940 nahmen die Briten Island ein – in der Hoffnung, Hitler einen strategisch wichtigen Stützpunkt im Atlantik streitig zu machen. Die Mini-Festungen mit Blick aufs Meer, die nie in Kampfhandlungen verwickelt waren, dienen heute als Erinnerung an Islands einzigartige Position als ein besetztes, aber nicht kriegführendes Land. Informationstafeln verleihen diesen faszinierenden historischen Relikten mehr Kontext.

91 RUINEN AUS DEM ZWEITEN WELTKRIEG

Prächtige GÄRTEN *und* PARKS

92 **BOTANISCHER GARTEN IN AKUREYRI**
Eyrarlandsvegur
600 Akureyri
Nordosten
+354 462 7487
lystigardur.akureyri.is

1910 gründeten ein paar Frauen aus Akureyri eine Park-Vereinigung mit dem Ziel, ihre Stadt zu verschönern. Sie wollten das Beste aus dem Hektar machen, den ihnen die Regierung überlassen hatte. Es entstand Islands erster öffentlicher Park, der bis 1953 auf drei Hektar vergrößert wurde. In der Südwestecke sind rund 400 heimische Pflanzenarten zu sehen. Insgesamt wachsen hier über 7000 Arten, viele davon unter wissenschaftlicher Beobachtung, um herauszufinden, wie sich Pflanzen an nahezu arktische Bedingungen anpassen.

93 **BOTANISCHER GARTEN IN SKRÚÐUR**
Über Straße 624
471 Þingeyri
Westfjorde
+354 450 8060
westfjords.is

Der im August 1909 eröffnete Botanische Garten von Skrúður zählt zu den ersten seiner Art in Island. Im Vergleich zur wildromantischen Landschaft ringsum ist dieser blühende Garten ein Bild von Ordnung. Nachdem der Park 1996 von engagierten Anwohnern restauriert wurde, verwaltet ihn heute die Gemeinde von Ísafjörður. Er ist lebender Beweis für den Überlebenswillen von Pflanzen in nördlichen Klimazonen. Auf dem Gelände gibt es auch ein Café und eine Spendenbox, damit Besucher etwas zur Erhaltung des Gartens beisteuern können.

94 ELLIÐAÁRDALUR-TAL

Elliðaárdalur
110 Reykjavík
Hauptstadtregion
+354 411 6000
visitReykjavík.is

Obwohl dieses grüne Erholungsgebiet nur 15 Busminuten von Reykjavíks Innenstadt entfernt ist, wird es von Touristen nur selten besucht. Stattdessen kommen gern einheimische Wanderer, Radfahrer, Hundebesitzer, Lachsfischer und Picknicker hierher. Das Elliðaárdalur-Tal bildet das Setting für einen hübschen kleinen Wasserfall namens Kermóafoss, den man von der Stadt aus nicht sehen kann. Das Plätschern des Wassers, die felsigen Stufen und der dichte Baumbewuchs lassen einen beinah glauben, man wäre ins Herz von Mutter Natur abgetaucht.

95 HEIÐMÖRK

Heiðmörk
110 Reykjavík
Hauptstadtregion
+354 411 6000
visitReykjavík.is

Das 3200 Hektar große Heiðmörk, benannt nach dem dicht bewaldeten Gebiet Hedmark in Norwegen, steht seit 1950 unter Naturschutz. Die Heimat von über 60 Wildvogel- und mehr als 150 Wildblumenarten ist vor allem wegen des fremdartigen roten Pseudokraters Rauðhólar beliebt. Heiðmörk liegt circa 10 Kilometer außerhalb von Reykjavík, nur wenige Autominuten südöstlich vom glitzernden Elliðavatn-See. Ein tolles Ausflugsziel, um der Hektik des Stadtlebens zu entfliehen.

96 HLJÓMSKÁLA-GARTEN

Hljómskálagarður
101 Reykjavík
Hauptstadtregion
+354 411 1111
reykjavik.is

Hljómskálagarðurinn, eine grüne Oase mitten in der Innenstadt, liegt am Ufer des Tjörnin-Sees, nahe an ein paar der bekanntesten Bauwerke der Stadt. Die Idee, hier einen Park anzulegen, entstand 1908, acht Jahre später wurden die ersten Bäume gepflanzt. 1923 errichtete man einen Orchesterturm für die Reykjavíker Lautenspielergruppe, daher der Name des Parks, Hljómskálagarðurinn (Musikhallengarten). Im Südosten stehen Skulpturen von fünf bekannten isländischen Bildhauerinnen.

92 BOTANISCHER GARTEN IN AKUREYRI

Sehenswerte STÄDTE *und* DÖRFER

97 **DALVÍK**

620 Dalvíkurbyggð
Nordosten
dalvikurbyggd.is

Dalvík (Taldorf) im Osten der Tröllaskagi-Halbinsel hat etwa 1400 Einwohner. Das Fischerdorf rühmt sich ein paar bedeutender Attraktionen, die man bei einer Fahrt durch den Norden einfach mitnehmen muss. Böggvistaðafjall ist ein beliebter Wintersportort und Heimat sehr fähiger Skifahrer, von denen einige bereits an den Olympischen Winterspielen und anderen internationalen Wettkämpfen teilgenommen haben. Von Dalvík aus verkehrt die Sæfari-Fähre zur Insel Grímsey, dem einzigen isländischen Territorium am Polarkreis.

98 **FLÚÐIR**

845 Flúðir
Süden
+354 483 4601
south.is

Flúðir unweit des Golden Circle ist Zwischenstopp für alle, die im warmen Wasser der Secret Lagoon baden möchten. Das verführt viele Besucher dazu, andere Dinge, die Flúðir seinen Charme verleihen, links liegen zu lassen. Da der Ort in einem der aktivsten Geothermalgebiete Islands liegt, sind hier aufsteigende Dampfsäulen so üblich wie anderswo Bäume oder Häuser. Weitere Highlights sind ein malerisch gelegener Golfplatz, ein gutes äthiopisches Restaurant und die Zufahrt zur Kjölur-Bergstraße zwischen den Gletschern Langjökull und Hofsjökull.

99 SEYÐISFJÖRÐUR

710 Seyðisfjörður
Osten
+354 472 1551
visitseydisfjordur.com

Bekannt vor allem wegen der Holzhäuser aus dem 19. Jahrhundert und die fotogene Blaue Kirche ist Seyðisfjörður der erste Anlaufpunkt für Besucher, die vom Festland aus mit der NS Norröna anreisen. Der Ort war 1848 zunächst ein Handelsplatz, wo die lokalen Fischer ihre Heringe, das »Silber der Meere«, verkauften. Im Zweiten Weltkrieg war hier ein alliierter Stützpunkt. Heute reisen die meisten Gäste nach Seyðisfjörður entweder wegen des Kunstfestivals LungA im Juli oder um die atemberaubende Natur zu erleben: Fjorde, wilde Tiere und die Berge Strandartindur und Bjólfur.

99 SEYÐISFJÖRÐUR

100 SIGLUFJÖRÐUR

580 Siglufjörður
Nordosten
+354 462 3300
northiceland.is

Siglufjörður, der nördlichste Ort der Hauptinsel, blickt auf eine lange und faszinierende Geschichte zurück, deren Auf- und Niedergang stark abhängig war von den Erfolgen und Misserfolgen des hiesigen Fischfangs. Was 1900 als winziger Flecken, einzig für den Haifischfang gegründet, begann, entwickelte sich bald zu einer der größten Siedlungen des Landes: die unbestrittene Hauptstadt des Herings. Heute ist sie Heimat von rund 1300 Einwohnern und bietet Annehmlichkeiten wie ein 25-Meter-Schwimmbad, einen 9-Loch-Golfplatz sowie hochgelobte Restaurants, Museen und Galerien.

101 PATREKSFJÖRÐUR

450 Patreksfjörður
Westfjorde
+354 450 8060
westfjords.is

In Patreksfjörður leben rund 660 Menschen – ein ausgezeichnetes Beispiel dafür, wie dünn besiedelt die Westfjorde sind. Ein Geistlicher gründete einst den Ort nach der Christianisierung Islands, daher der Name: Fjord des heiligen Patrick. Zu den wichtigsten Sehenswürdigkeiten der Umgebung zählen der Dynjandi-Wasserfall, die Vogelklippen von Látrabjarg und der tropisch anmutende Strand von Rauðasandur.

Idyllische INSELN

102 FLATEY
Zwischen der Snæfellsnes-Halbinsel und den Westfjorden
345 Flatey
Westen
+354 437 2214
west.is/en

Viele, die hier von der Fähre steigen, glauben, sie seien soeben in eine andere Zeit gereist. Wo man sich anderswo bereitwillig ans 21. Jahrhundert angepasst hat, ist das an Flatey irgendwie vorbeigegangen. Die schlichten Bauwerke aus dem 18. Jahrhundert haben sich stur dem Wandel der Zeit verweigert. Die Geschichte der Besiedelung dieser einen Kilometer breiten, zwei Kilometer langen Insel ist viel älter als die Handvoll Häuser, die man heute sieht. 1172 wurde ein Kloster gegründet, das heute nicht mehr existiert. Bis 1777 war die Insel eines der wichtigsten Kultur- und Handelszentren. Hier erwarten den Besucher ein flaches Terrain, weite Panoramen und im Sommer spektakuläre Seevogelkolonien.

103 HEIMAEY

Inselgruppe Vestmannaeyjar
900 Westmännerinseln
Süden
visitwestmanislands.com

Erste Siedlungsversuche auf Heimaey, der größten Insel des Vestmannaeyjar-Archipels, gab es bereits um 800 n. Chr. Laut der Saga kamen geflüchtete irische Sklaven hierher, die vom ersten Einwohner Islands, Ingólfur Arnarson, aus Rache getötet wurden. 1627 griffen osmanische Piraten an und versklavten viele Bewohner. Und im Januar 1973 brach der Vulkan Eldfell aus, was Massenevakuierungen zur Folge hatte. Der Lavafluss konnte glücklicherweise umgelenkt werden. Heute leben hier 4500 Menschen, im Sommer zusätzlich rund acht Millionen Papageientaucher.

103 **INSEL HEIMAEY**

104 DRANGEY

Skagafjörður
550 Sauðárkrókur
Nordwesten
+354 821 0090 /
+354 821 0091
drangey.net

Diese Insel vor dem nördlichen Skagafjörður ist das Überbleibsel eines 700 000 Jahre alten Vulkans. Ihre steilen Klippen erheben sich spektakulär aus dem Ozean und sind die Heimat unzähliger Tölpel, Dreizehenmöwen und Papageientaucher. Erste Erwähnung fand Dragey in der Grettis-Saga, wo sie der Zufluchtsort des Protagonisten war, der sich 1031 hierher aufmachte in der Hoffnung, dass die Klippen für seine Verfolger nicht zu erklimmen wären. In den vergangenen Jahren haben die Einwohner des nördlichen Festlands Drangey als Frühlingsboten auserkoren. Zu Beginn der Saison segeln sie hierher und erbeuten Fleisch, Eier und Fisch.

105 GRÍMSEY

611 Grímsey
Nordosten
+354 460 1000
akureyri.is/
grimsey-en

Grímsey ist die Heimat von rund 60 Menschen und der einzige Ort Islands, der auf dem Polarkreis liegt. Die Geschichte der einzigen Siedlung, Sandvík, ist eng verwoben mit den reichen Fischgründen, doch in den letzten Jahren haben Gästehäuser, Cafés und ein kürzlich renovierter Hafen das Bild ein wenig diversifiziert. Die Inselkirche wurde 1867 aus Treibholz errichtet und beherbergt ein jahrhundertealtes Gemälde, das eine Nachbildung eines Werks von Leonardo da Vinci ist. Es gibt zwei Möglichkeiten, wie man nach Grímsey gelangt: entweder per Flugzeug über Akureyri oder mit der Fähre.

ERLEBNISSE

Erlebnisreiche **ESKAPADEN**

106 **PARAGLIDING AN DER SÜDKÜSTE**
Suðurvíkurvegur 5
870 Vík í Mýrdal
Süden
+354 698 8890
trueadventure.is

Bei einer Fahrt entlang der Südküste stellen die Besucher häufig fest, dass viele Abschnitte uralte Steilküste sind. Es gibt wohl nichts Aufregenderes, als von einem dieser Felsen in die Tiefe zu springen, natürlich sicher eingeschnürt in ein Geschirr und mit einem qualifizierten Paraglidinglehrer. Wenn man über die grünen Wiesen des Südens segelt, fühlt man sich beinah wie ein Adler (oder vielmehr wie ein Papageientaucher). Adrenalin-Junkies sollten sich diesen Spaß auf keinen Fall entgehen lassen!

107 **TAUCHEN IN DAVÍÐSGJÁ**
ÞINGVALLAVATN-SEE
Süden
+354 578 6200
dive.is

Die Davíðsgjá (Davidsschlucht), ein Unterwassergraben, gilt als großer Bruder der Silfra-Spalte. Er liegt in den schlammigen Tiefen des Þingvallavatn-Sees. Tauchern wird geraten, zuerst Silfra einen Besuch abzustatten; Davíðsgjá ist tiefer, finsterer und eindeutig dramatischer. Die Wasserwelt hier ist einzigartig und selbst für erfahrene Taucher eine Herausforderung. Im Gegensatz zu Silfra bietet Davíðsgjá die Möglichkeit, Seesaiblinge und viele andere Fischarten in ihrer natürlichen Umgebung zu beobachten.

108 DER FLIEGENDE BUGGY – ÜBER DER HAUPTSTADT

Međalholt 19
105 Reykjavík
Hauptstadtregion
+354 780 6766
happyworld.is

Schwingen Sie sich in die Lüfte in einem kleinen, speziell entwickelten fliegenden Buggy! Diese Flüge werden oft zugunsten anderer Touren übergangen, was schade ist, da sie so ein spannendes und unvergessliches Abenteuer sind. Die Mikroflugzeuge ermöglichen einen tollen Blick auf die bunten Dächer der Hauptstadt. Dabei hat man so viel Kontrolle, wie man sie nur selten bei extremen Luftabenteuern hat. In luftiger Höhe lässt sich ein herrlicher Weitblick genießen, von der Atlantikküste über die Berge bis zu den Lavafeldern.

109 WALBEOBACHTUNG

Hafnarstétt 11
640 Húsavík
Nordosten
+354 464 7272
northsailing.is

Walbeobachtung zählt zu den beliebtesten Aktivitäten in Island und wird oft an Bord von großen renovierten Schiffen angeboten. Die majestätischen Meeresriesen mit North Sailing zu besuchen, ist jedoch noch einmal eine ganz andere Geschichte, denn die Passagiere kreuzen die Fjorde im Nordosten Islands in einem traditionellen Schoner. Angesichts der vielen Arten, die von den küstennahen Futterplätzen angelockt werden, gilt Húsavík als Walbeobachtungszentrum Europas. Mehr als 20 Arten sind rund um Island heimisch, darunter Blau-, Mink-, Buckel- und Killerwale.

Tierisch gute TIERPARKS

110 **HÚSDÝRA-GARÐURINN PARK & ZOO**
Múlavegur 2
104 Reykjavík
Hauptstadtregion
+354 411 5900
mu.is

Der Húsdýragarðurinn Park & Zoo (auch bekannt als Reykjavík Park & Zoo) bietet eine wunderbare Möglichkeit, isländische Nutztiere zu sehen – plus eine Handvoll anderer Arten aus aller Welt. Isländische Pferde, Schweine und Ziegen sind hier Dauerbewohner, Seehunde und Nerze runden das Bild auf unterhaltsame Art ab. Einige Fahrgeschäfte im Kinderbereich sind nur in den Sommermonaten zu nutzen, aber das Zoorestaurant ist das ganze Jahr über geöffnet.

111 **TIERPARK SLAKKI**
Vesturbyggð 10-A
801 Selfoss
Süden
+354 849 0661

Der Tierpark Slakki im Süden von Island ist hauptsächlich ein Streichelzoo, doch er bietet auch andere unterhaltsame Aktivitäten wie Minigolf und einen Kinderspielplatz. Hier gibt es Hundewelpen, Kätzchen, Kaninchen, Papageien und Schweine zu sehen. Wenn Sie es nicht schaffen, das Polarfuchszentrum in Súdavík aufzusuchen, dann werden Sie sich bestimmt freuen zu hören, dass Slakki ebenfalls ein paar Füchse beherbergt. Diese ländliche Attraktion ist auf Kinder ausgerichtet und daher für reisende Familien ein Muss.

112 STREICHELZOO DALADÝRÐ

Brúnagerði
607 Akureyri
Nordosten
+354 863 3112
daladyrd.is

Das Angebot in Daladýrð unterscheidet sich nicht grundlegend von dem anderer Tierparks in Island, doch was heraussticht, ist die ländliche Lage, die Vergleiche mit den Scheunen und Pferdeställen des Wilden Westens weckt. Hier kann man eine einzigartige isländische Schafrasse namens Forystufé kennenlernen, deren neugieriges Wesen eher an Hunde als an ihre wolligen Artgenossen erinnert. Forystufés sollen sogar in der Lage sein, Wetterumschwünge vorherzusagen. Daladýrð liegt 25 Minuten Fahrt von Akureyri entfernt auf dem Brúnagerði-Hof im dicht bewaldeten Fnjóskadalur-Tal.

113 HÓLMUR-HOF

Vesturbraut 6
780 Höfn í Hornafirði
Osten
+354 478 2063
holmurinn.is

Die Eheleute Guðrún Guðmundsdóttir und Magnús Guðjónsson eröffneten diesen Bauernhof-Zoo auf einem alten Gehöft von 1920, das sie eigenhändig renovierten. Dazu richteten sie in einem ehemaligen Kuhstall ein großes Café-Restaurant ein. Die Hoftiere zählen dank der Isolation und der Vermeidung externer genetischer Einflüsse zu den reinrassigsten Haustieren der Welt. Im Winter können Übernachtungsgäste bei der Fütterung der Schafe, Pferde und Kühe mithelfen – ein weiterer Grund, warum ein Besuch lohnt, wenn man im Osten des Landes unterwegs ist.

114 KAFFI KÚ

Garður
605 Akureyri
Nordosten
+354 867 3826
kaffiku.is

Das Kaffi Kú befindet sich auf dem Heuboden eines Kuhstalls, sodass die Gäste beim Essen durch Glasscheiben die Kühe sehen können. Nach der Mahlzeit kann, wer mag, bei den täglichen Verrichtungen mitmachen, die auf dem Hof anfallen. Dabei wird schnell deutlich, dass diese Tiere gehegt und gepflegt werden: Jede Kuh wird regelmäßig massiert und hat sogar eine eigene Matratze zum Schlafen. Wenn Sie Wert legen auf authentische Speisen aus frischen Zutaten, dürfen Sie auf keinen Fall diesen Familienbetrieb verpassen.

115 ISLÄNDERPFERDE-ZENTRUM SÓLVANGUR

Sólvangur
801 Selfoss
Süden
+354 899 7792
icelandichorsecenter.is

Isländerpferde sind eine reinrassige Züchtung, klein, stämmig, treu, neugierig und intelligent. Sólvangur ist ein traditionelles Gestüt im Süden Islands und einer der besten Orte, um diese wunderschönen Tiere zu sehen und auch zu reiten. Gruppen für Reitausflüge werden je nach Können eingeteilt. Ein privater und sachkundiger Führer zeigt den Besuchern gern auf Wunsch die Stallungen. In einem renovierten Stall ist ein hübsches Café untergebracht, und der nette kleine Souvenirladen des Gestüts ist ein Muss für jeden Pferdefreund.

KAFFI KÚ
WELCOME

Wetterfeste

IDEEN FÜR DRINNEN

116 **SUNDHÖLLN-BAD**

Barónsstígur 45-A
101 Reykjavík
Hauptstadtregion
+354 411 5350
reykjavik.is

Sundhölln ist die älteste öffentliche Badeanstalt von Reykjavík und wurde 1937 eröffnet. Hier gibt es warme Gemeinschaftswannen, ein 25-Meter-Hallenbad und ein Freibad. Ersteres ist mit zwei Sprungbrettern ausgestattet, wobei der Sprung vom höheren für junge Reykjavíker so etwas wie ein Aufnahmeritual in die Welt der Erwachsenen darstellt. Renovierungsarbeiten haben das Schwimmbad um neue Einrichtungen erweitert, darunter ein belebendes Eisbad, Solarien und eine Balkonsauna. Das Gebäude entwarf Staatsarchitekt Guðjón Samúelsson, der auch verantwortlich ist für die Hallgrímskirkja und weitere bekannte Bauwerke in der Stadt.

117 **BOGFIMISETRIÐ / ZENTRUM FÜR BOGENSCHIESSEN**

Dugguvogur 2
104 Reykjavík
Hauptstadtregion
+354 571 9330
bogfimisetrid.is

Wer einmal herausfinden möchte, wie gut er sich in Wikingerzeiten geschlagen hätte, der ist im Zentrum für Bogenschießen in Reykjavík richtig. Diese Institution hält diese uralte Form der Kriegsführung und mittelalterlichen Tapferkeit lebendig. Hier erhält man einen guten Eindruck darüber, wie die Krieger früher um Land, Liebe und Heldentum kämpften.

118 FLYOVER ICELAND

Fiskislóð 43
101 Reykjavík
Hauptstadtregion
+354 527 6700
flyovericeland.com

Dem Flugsimulator Soarin' im Disney Epcot Center ähnlich transportiert FlyOver Iceland im Stadtviertel Grandi die Schönheit und die Urgewalten der heimischen Natur in die Stadt. Eine 20 Meter große Leinwand umschließt die Zuschauer von allen Seiten. Auf ihr werden Gletscherlagunen, Berge und spuckende heiße Quellen gezeigt; verstärkt wird der Eindruck mit Düften, Windsimulationen und Bewegungen. Es ist beinahe so, als schwebe man wie ein Vogel über die Insel. Die zwei Filmflüge werden von einem freundlichen Trollführer namens Sú Vitra begleitet. Eine erstklassige Möglichkeit, die Schönheit des Landes zu sehen, selbst wenn man nur in der Hauptstadt verweilt.

119 REYKJAVÍK ESCAPE

Borgartún 6
105 Reykjavík
Hauptstadtregion
+354 546 0100
reykjavíkescape.com

Mit der wachsenden Beliebtheit von Escape Rooms auf der ganzen Welt war es nur eine Frage der Zeit, bis ein Etablissement dieser Art auch in Reykjavík eröffnet. Die interaktiven Rätsel für Gruppen ab vier Personen erfordern Teamwork und logisches Denken. Nur die cleversten Teilnehmer schaffen es, sich vor Ablauf der Frist aus den Räumen zu befreien. Reykjavík Escape befindet sich in der Borgatún, der Finanzstraße, und bietet acht unterschiedliche Themenräume wie *Hangover*, *The Mafia* und *Prison Break*. Stellen Sie sich also einem verregneten Tag in Reykjavík die Frage: Schaffe ist es hier rechtzeitig wieder raus?

Kreative KINDERSPÄSSE

120 **WHALES OF ICELAND**
Fiskislóð 23-25
101 Reykjavík
Hauptstadtregion
+354 571 0077
whalesoficeland.is

Diese lehrreiche Ausstellung bringt Kindern die riesigen Meeresbewohner Islands mithilfe von lebensgroßen Modellen und digitalen Präsentationen näher. Die Kleinen haben dabei die Möglichkeit, mit Repliken von majestätischen Säugetieren wie Belugas und Grindwalen auf Tuchfühlung zu gehen. Whales of Iceland arbeitet eng mit dem isländischen Meeresforschungsinstitut zusammen, um die Bewegungen der Tiere rund um die Insel zu beobachten – eine Reise, die Besucher an interaktiven Stationen mitverfolgen können. Für Kinder unter sieben Jahren ist der Eintritt frei. Als Audio-Guide gibt es eine mehrsprachige Smartphone-App.

121 **SEILRUTSCHE AN DER SÜDKÜSTE**
TREFFPUNKT: NORDUR VÍK
870 Vík í Mýrdal
Süden
+354 698 8890
trueadventure.is

True Adventure sind Experten im Paragliding, und die malerische Südküste Islands ist einer der besten Orte der Welt, um diesem Sport nachzugehen. Verständlicherweise ist das aber nichts für jedermann. Wer dennoch erleben möchte, wie es ist, vogelgleich durch die Lüfte zu fliegen, der kann das an einer der beiden Seilrutschen ausprobieren – Spaß für die ganze Familie! Über den Grafargil (Grab-Canyon), Wasserfälle und moosbewachsene Hänge zu sausen, ist ein unvergessliches Erlebnis.

122 DIE WÄLDER VON KJARNASKÓGUR

Kjarnavegur
601 Akureyri
Nordosten
+354 462 4047
kjarnaskogur.is

Die Wälder von Kjarnaskógur sind das Ergebnis eines Wiederaufforstungsprojekts, das 1953 mit der Anpflanzung von Birken und Lärchen begann. Inzwischen hat man das Ganze auf über 200 Arten ausgeweitet. Heute zählen die Wälder von Kjarnaskógur zu den beliebtesten Naherholungsgebieten in Akureyri – mit einem 7 Kilometer langen Wanderpfad, einer 10-Kilometer-Mountainbikestrecke, zwei Spielplätzen, einem Volleyballplatz, dem Campingplatz Hamrar und Hütten für die Vogelbeobachtung. Im Sommer sind Picknickbereiche und Grillplätze geöffnet.

123 KLIFURHÚSIÐ / KLETTERHALLE REYKJAVÍK

Ármúli 23
108 Reykjavík
Hauptstadtregion
+354 553 9455
klifurhusid.is

Obwohl zuvorderst eine Boulderhalle, bietet Klifurhúsið auch eine kleine Sportkletterwand, sodass für jedes Fähigkeitslevel gesorgt ist. Das macht diesen Ort perfekt für aktive Kids und Eltern, die gern an ihrer Fitness arbeiten möchten. Alles, was man tun muss, ist, in bequemen Klamotten und guten Schuhen zu erscheinen.

124 BERJAMÓ / BEERENSAMMELN

AM: HAFRAVATN-SEE
271 Mosfellsbær
Hauptstadtregion

Berjamó, »Beerenpflücken«, findet jedes Jahr im Sommer und Frühherbst statt und ist ein erstklassiger Weg, um die Stille der isländischen Natur zu erleben und dabei die Hände beschäftigt zu halten. Das Pflücken von Beeren in der Wildnis heißt, dass Sie die menschliche Zivilisation hinter sich lassen und sich ungestört dem Vogelgezwitscher, den sanften Brisen und den offenen grünen Wiesen zuwenden. Dank der Reinheit von Luft und Boden können die Beeren gleich vor Ort probiert werden.

130 **SECRET LAGOON**

ABENTEUER

In GEOTHERMALE BÄDER *eintauchen*

125 GUÐLAUG-BÄDER
Langisandur
300 Akranes
Westen
+354 833 7736
akranes.is

Ein Besuch von Akranes ist das pure Vergnügen, wenn man es richtig angeht. Eine tolle kostenlose Attraktion sind die Guðlaug, die hiesigen Bäder an den Ufern der sandigen Küste. Die Badegäste lieben es, sich in den zwei luxuriösen Wasserbecken, die um die 39 °C warm sind, zu entspannen und sich anschließend wenige Schritte weiter im eiskalten Meer abzukühlen. An sonnigen Tagen reicht der Ausblick über die Faxaflói-Bucht bis zur Skyline von Reykjavík.

126 VÖK-BÄDER
Vök am
Urriðavatn-See
701 Egilsstaðir
Osten
+354 470 9500
vokbaths.is

Die im Sommer 2019 eröffneten Vök-Bäder befinden sich mitten im wunderschönen Urriðavatn-See, fünf Kilometer westlich von Egilsstaðir. Die geothermalen Becken sind nahtlos in den See eingebunden. So haben die Besucher beinah das Gefühl, im See selbst zu baden. Weitere geschätzte Einrichtungen sind eine Sauna, eine In-Pool-Bar, ein Teeraum und das Restaurant Soups & Bistro.

127 KRAUMA

Deildartunguhver
320 Reykholt
Westen
+354 555 6066
krauma.is

Das elegante, moderne Krauma-Spa wird von der wasserreichsten Thermalquelle Europas gespeist, der Deildartunguhver. Delidartunguhver liegt nur wenige Meter entfernt und ist viel kleiner als zum Beispiel die Blue Lagoon oder die Naturbäder von Mývatn, perfekt also, um Menschenmassen zu meiden. Abgesehen davon ist man nirgendwo näher an den gesundheitsfördernden Mineralien und Temperaturen.

128 HÚSAFELL CANYON BATHS

Húsafell
301 Borgarbyggð
Westen
+354 435 1551
husafell.com

Die Húsafell Canyon Bäder sind mit ihrem angenehm warmen Wasser vor atemberaubender Kulisse und netter Atmosphäre ein wahrer Schatz. Sie wurden von der örtlichen Gemeinde entworfen, wobei man viel Wert legte auf eine nahtlose Einbindung in die Natur. Es stehen zwei zur Auswahl: eines mit einer Temperatur von 30 bis 41 °C sowie ein kälteres, erfrischenderes Becken. Das Badehaus wurde aus wiederverwertetem Holz aus der Umgebung erbaut, die Kleiderhaken sind recycelte Hufeisen. Gibt es ein isländischeres Erlebnis?

129 HEISSE BÄDER VON POLLURINN

Route 617 auf der Höhe von Tálknafjörður
460 Tálknafjörður
Westfjorde

Die drei Bäder, auch »Pfütze« genannt, befinden sich nicht weit von Tálknafjörður entfernt. Obwohl von Menschenhand geschaffen, lebt in diesen Becken eine grüne Alge, die auf den ersten Blick wenig einladend wirkt. Doch es gibt in den Westfjorden keinen besseren Ort, um mitten in der Natur zu baden. Eine Dusche und Umkleidekabinen sind vorhanden.

130 **SECRET LAGOON**

Hvammsvegur
845 Flúðir
Süden
+354 853 3033
(tourist info)
secretlagoon.is

Die 1891 konstruierte Secret Lagoon ist Islands ältestes künstliches Geothermalbad, daher auch der Name Gamla Laugin (»Altes Bad«). Die Bäder liegen mitten im aktiven Geothermalbereich Hverahólmi in der Ortschaft Flúðir und wurden vor Kurzem restauriert. Es gibt eine Bar, Umkleideräume und Duschen. Nicht nur bietet die Secret Lagoon ein erfrischendes Badeerlebnis, sie befindet sich zudem in einem geothermalen Bereich komplett mit blubbernden Schlammseen und sprudelnden Mini-Geysiren. Im Winter schließt das Bad pünktlich um 20 Uhr, was es immer noch möglich macht, im 38 bis 40 °C warmen Wasser badend die Polarlichter zu bestaunen.

An magischen **TOUREN** *und* **AUSFLÜGEN** *teilnehmen*

131 **ISLÄNDISCHE ELFENSCHULE**
Síðumúli 31, 2nd Fl.
108 Reykjavík
Hauptstadtregion
+354 588 6060 / +354 894 4014
theelfschool.com

Die 1991 gegründete Elfenschule ist perfekt für alle, die gern mehr über die mystischen Wesen erfahren wollen, die in Island zu Hause sind. Elfen, Trolle, Zwerge, Gnome, Feen, Berggeister: Die Kurse erzählen von Isländern, die mit diesen Kreaturen Kontakt hatten. Das *huldufólk* (Verborgene Volk) soll angeblich in einem Paralleluniversum leben, das es mit anderen Monstren wie den *afturgöngur* (Wiedergänger/Zombies) teilt. Angesichts der Gefahren in der freien Natur ist es gut möglich, dass die Geschichten als Warnung dienten, um die Kinder in den Dörfern zu halten.

132 **DAS GEISTERZENTRUM**
Hafnargata 9
825 Stokkseyri
Süden
+354 895 0020
draugasetrid.is

Die isländische Sagenwelt ist voller unheimlicher Wesen, denken Sie an die trägen Trolle, die im Sonnenlicht versteinern, oder das schelmische *huldufólk*, das seine Städte in den Felsen versteckt. Auch Geister spielen eine Rolle, wie man im Geisterzentrum in Stokkseyri erfährt. Während die Besucher durch das gruselige Labyrinth geführt werden, können sie 24 Gespenstergeschichten lauschen (MP3-Player gibt's am Eingang). Dabei kann sie in der Dunkelheit jeden Moment eine böse Fee anspringen.

133 DIE GIGANTIN IN DEN BERGEN

Nähe Kaflavík-Hafen
240 Reykjanesbær
Süden
skessan.is

Diese kleine Attraktion beim Hafen wurde 2008 in Kaflavík im Zuge des Nacht-der-Lichter-Festivals eröffnet. Hier können Kinder und Erwachsene isländische Folklore in Aktion erleben. Die Besucher folgen in einer verdunkelten Höhle den Hinweisen bis zu einem Unterschlupf, in dem eine namenlose Gigantin in ihrem Schaukelstuhl schlummert. Riesige Objekte liegen herum, von einer überdimensionierten Zahnbürste bis zu einem großen Bett aus Holz. Die Figur stammt aus dem Buch *Sigga und die Gigantin* der beliebten isländischen Kinderbuchautorin Herdís Egilsdóttir.

134 DAS MUSEUM DER ISLÄNDISCHEN HEXEREI UND ZAUBEREI

Höfðagata 8-10
510 Hólmavík
Westfjorde
+354 897 6525
galdrasyning.is

Die Westfjorde sind bekannt als Ort der Zauberei. Es macht also Sinn, dass sich das Museum der isländischen Hexerei und Zauberei in dem hübschen und zeitlosen Dorf Hólmavík befindet. Hier erfahren die Besucher anhand spannender Ausstellungen mehr über uralte Zauberstäbe, paranormale Rituale und himmlische Kreaturen. Zum Beispiel waren die Isländer, die der Hexerei beschuldigt wurden, größtenteils männlich – andernorts fast undenkbar. Neben Tierschädeln gibt es hier auch ein echtes Highlight: *Nábrók*! Um sich Wohlstand zu verdienen, mussten Hexen Männer von der Hüfte abwärts häuten und die Haut als Hose tragen. Eine Goldmünze im leeren Hodensack schenkte dann immerwährenden Reichtum.

135 FOLKLORE-RUNDGANG IN REYKJAVIK

STARTPUNKT: KAMBSVEGUR
104 Reykjavík
Hauptstadtregion
+354 655 4040
yourfriendin reykjavik.com

Wenn Sie darauf brennen, das, was Sie in der Elfenschule gelernt haben, in die Praxis umzusetzen, dann schließen Sie sich unbedingt einem Folklore-Rundgang durch Reykjavik an. Schließlich nehmen nicht nur scheue Elfen einen besonderen Platz in der Psyche der Isländer ein, auch Untote lungern immer noch in dieser Welt herum. Die Teilnehmer besichtigen einen echten Elfenstein, den ältesten Friedhof in Reykjavik, den Parlamentspark und den Stadtteich, alles unter der Leitung eines Historikers, der Skeptiker gern überzeugen möchte.

135 FOLKLORE-RUNDGANG IN REYKJAVIK (STADTTEICH)

136 FAHRT ENTLANG HVALFJÖRÐUR / WALFJORD

Straße 47, ab 276 Mosfellsbær bis 301 Akranes
Westen
west.is

Nur eine halbe Stunde Fahrt von Reykjavík entfernt findet man die majestätischen Berghänge, Buchten und Panoramen des westisländischen Hvalfjörður (Walfjord). Mitten in dieser hinreißenden Landschaft befinden sich die Ruinen von Hvítanes, eine Marinebasis aus dem Zweiten Weltkrieg, und der stufige Fossárrétt-Wasserfall des Flusses Fossá, der sich über zwei Felsterrassen sechs Meter in die Tiefe stürzt.

137 ARCTIC COAST WAY

Zwischen 530 Hvammstangi und 685 Bakkafjörður
North Iceland
+354 462 3300
arcticcoastway.is

Der Arctic Coast Way wurde erst im Juni 2019 eröffnet und erstreckt sich über 900 Kilometer durch 21 Ortschaften und 18 Gemeinden im Norden. In anderen Worten, dies ist der ultimative isländische Roadtrip. Fährfahrten zu sechs Inseln sind ebenfalls inbegriffen, darunter auch zur Insel Grímsey auf dem Polarkreis. Von Beginn bis Ende kommt man an acht geothermalen Bädern sowie zahllosen Buchten und Halbinseln vorbei, wo man Robben und Wale beobachten und sogar die Mitternachtssonne erleben kann.

138 DIE OSTFJORDE

Straße 1
Osten
+354 471 2320
east.is

Der Osten Islands ist eine zauberhafte Region mit kantigen Berggipfeln, engen Serpentinen und düster-schwarzen Küstenstreifen. Die am wenigsten besuchte und besiedelte Region – nur drei Prozent der Isländer leben hier – ist ein verstecktes Juwel voller Schönheit und Abenteuer. Neben der dramatischen und ursprünglichen Landschaft ist dies auch der einzige Ort, wo man Rentierherden in freier Wildbahn zu Gesicht bekommt. Die Tiere sind nicht endemisch, sondern wurden von norwegischen Siedlern für ihr Fleisch und ihr Leder eingeführt.

139 SEGELN IN BREIÐAFJÖRÐUR

Sæferðir Seatours
Smiðjustígur 3
340 Stykkishólmur
Westen
+354 433 2254
seatours.is

Breiðafjörður bezeichnet ein weites Panorama aus Inseln zwischen der Snaefellsnes-Halbinsel und den Westfjorden. Natürlich kann man eine Fähre zwischen diesen beiden Regionen nehmen, doch noch viel besser ist es, eine Tour mit Viking Sushi Adventure Voyage zu machen. Unterwegs sammelt ein Schleppnetz frische Meeresfrüchte, damit die Gäste unglaubliche Geschmackserlebnisse in unberührter Natur genießen können. Eine perfekte Ausgangsposition, um die heimischen Seevögel zu beobachten, und, mit ein bisschen Glück, auch Wale und Delfine, die hier oft an die Oberfläche kommen.

140 FAHRT ÜBER DIE KJÖLUR-HOCH-LANDROUTE

Kjalvegur, Route F35
Vom Hvítá-Fluss, 806 Selfoss, Südisland zum Seyðisá-Fluss, 541 Blönduós, Nordwest-Island

Die Berge, Schluchten und Gletscher des isländischen Hochlands zählen zu den wildesten Regionen Europas. Die Kjölur-Route, die diese Landschaft durchschneidet – auch bekannt als Kjalvegur –, lässt sich nur mit Allradantrieb befahren. Einst war sie ein Pferdeweg, der den Norden mit dem Süden der Insel verband. Die fesselnde Route benötigt um die fünf Stunden und führt direkt zwischen den dramatischen Eiskappen Langjökull und Hofsjökull hindurch.

141 NATURRESERVAT HORNSTRANDIR

TOUREN STARTEN AB: ÍSAFJÖRÐUR
400 Ísafjörður
Westfjorde
+354 450 8060
westfjords.is/en

Die luftigen Klippen von Látrabjarg sind das berühmteste Wahrzeichen des Naturreservats Hornstrandir. Sie ziehen nicht nur abenteuerlustige Wanderer und Schaulustige an, sondern auch Millionen von nistenden Seevögeln. Papageientaucher, Lummen und Küstenseeschwalben nutzen die extremen Höhen als Schutz gegen Fressfeinde wie dem gerissenen Polarfuchs. Látrabjarg ist gleichzeitig der westlichste Punkt Europas und daher ein einzigartiger wie attraktiver Zwischenstopp. Das weitläufige sturmgepeitschte Reservat ist ein unberührtes Paradies in den Westfjorden.

142 **BELUGA-SCHUTZGEBIET DES SEA LIFE TRUST**

Ægisgata 2
900 Westmänner-inseln
Süden
+354 488 0100
belugasanctuary.sealifetrust.org

Im Sommer 2019 wurden Little Grey und Little White aus der Gefangenschaft befreit und durften ein neues Leben in Island beginnen. Das isolierte Schutzreservat mit einer Tiefe von 10 Metern und einer Fläche von 32 000 Quadratmetern ist für die beiden Belugawale geeigneter als ihre natürlichen Lebensgründe. Im Sommer bietet der Sea Life Trust Bootstouren von der Klettsvík-Bucht aus an, die die Besucher behutsam möglichst nah an die neuen Bewohner des Schutzgebiets führen. Vor Ort gibt es zudem ein bezauberndes Aquarium und eine Auffangstation für Papageientaucher, ebenfalls sehr lehrreich für die Besucher.

143 POLARFUCHS-ZENTRUM

Eyrardalur 1
420 Súðavík
Westfjorde
+354 456 4922
melrakki.is

Der Polarfuchs, das einzige in Island heimische Säugetier, gelangte während der letzten Eiszeit über eine Landbrücke hierher. Das Polarfuchszentrum in Súðavík bietet nicht nur interessante Informationstafeln, Artefakte und Ausstellungen, sondern auch zwei lebende Exemplare, die als Welpen vom Zentrum gerettet wurden. Der Schwerpunkt liegt auf der Aufklärung der Bevölkerung, die für den Polarfuchs eine große Bedrohung darstellt, zum Beispiel durch grausame Praktiken wie Fuchsjagd und Fellzucht. Um Polarfüchse in freier Wildbahn zu erleben, besucht man am besten das Naturreservat Hornstrandir in den Westfjorden oder das Hochland.

144 ISLÄNDISCHES ROBBENZENTRUM

Strandgata 1
530 Hvammstangi
Nordwesten
+354 451 2345
selasetur.is

Die reizende Ausstellung des 2006 eröffneten Robbenzentrums in Hvammstangi taucht in die vielfältige Tierwelt der Vatnsnes-Halbinsel ein. Nicht nur Seehunde und Kegelrobben sind Dauerbewohner hier, auch viele andere Arten schauen hin und wieder vorbei: Bart-, Mützen- und Ringelrobben und sogar das ein oder andere Walross. Nachhaltigkeit und Umweltschutz stehen für das Robbenzentrum an erster Stelle. Hoffentlich können die Robbenkolonien Islands noch viele, viele Jahre erhalten bleiben.

145 **ZUSAMMENTREIBEN DER SCHAFE**
IN HAMARSRÉTT
531 Vatnsnes
Nordwesten
Tours: Traveo
+354 497 0800
traveo.is

In Island stößt man überall auf frei laufende Schafe. Seit Jahrhunderten werden die Tiere im Frühjahr nach draußen und vor Einbruch des Winters wieder in die Scheunen gebracht. Es gibt nichts Schöneres, als sich die Hände schmutzig zu machen: Besucher können sich einer Tour anschließen, die sie zu einem *réttir* bringt, einem speziellen Zaunlabyrinth, das den Bauern hilft, ihre Tiere aus der Herde zu sortieren. Wer über Nacht bleibt, kann am nächsten Tag helfen, die isländischen Pferde zusammenzutreiben.

143 **POLARFUCHSZENTRUM**

146 GEOTHERMALSTRAND NAUTHÓLSVÍK

Siglunes
102 Reykjavík
Hauptstadtregion
+354 411 5330
nautholsvik.is

Island ist nicht gerade für warme, tropische Strände bekannt. Am nächsten kommt denen das beim Perlan-Museum gelegene Nauthólsvík am Fuße des Öskjuhlíð. Neben goldenen Sandstränden und Blick über die Ortschaft Kópavogur ist das Wasser hier trotz geothermaler Aktivität recht kalt. Wenn sie die Zähne zusammenbeißen, kommen Badegäste dennoch auf ihre Kosten. Rettungsschwimmer sind nur im Sommer anwesend. Im Winter ist Nauthólsvík eine tolle Location, um sich am Kaltwasserbaden im Wim-Hof-Stil zu versuchen.

146 GEOTHERMALSTRAND NAUTHÓLSVÍK IM WINTER

147 NESGJÁ (SILFRA DES NORDENS)

Zwischen dem Städtchen Húsavík und der Ásbyrgi-Schlucht
641 Húsavík
Nordosten
+354 497 0800
traveo.is

Das Schnorcheln in einem Trockenanzug in der Gletscherschlucht Silfra zählt zu den beliebtesten Abenteueraktivitäten in Island. Doch es gibt viele weitere Stellen, die mindestens genauso geeignet sind für eine Unterwasser-Entdeckungsreise. Die Nesgjá-Quelle im Norden stellt mit ihrem kristallklaren Wasser solch eine Alternative dar. Sie ähnelt einem langen aquamarinen Korridor. Während Sie sich von der Strömung treiben lassen, können Sie die wogenden Schlick- und Sandwellen betrachten, die von monolithischen Felswänden umschlossen sind. Die außerirdische Schönheit dieser Unterwasserwelt ist unvergleichlich. Der Besuch ist nur im Rahmen einer geführten Tour möglich, da ein Alleingang zu gefährlich wäre.

148 GOLF IM CLUB BRAUTARHOLT

Kjalarnes
162 Reykjavík
Hauptstadtregion
+354 566 6045
gbr.is

Golf in Island? Aber was ist mit der Dunkelheit im Winter? Dem Schnee? Den böigen Winden und Schneeregen? Berechtigte Fragen, doch im Sommer sieht die Sache schon ganz anders aus. Brautarholt, nur wenige Autominuten außerhalb von Reykjavík, baut auf diese klaren, sonnigen Tage. Hier gibt es einen Equipment-Verleih sowie eine Driving Range zum Üben. Wenn Sie ein bisschen trainieren möchten, beschert Ihnen Brautarholt eine Partie in einer malerischen und einzigartigen Landschaft. Im Sommer ist der Club bis 22 Uhr geöffnet, sodass man sogar unter der Mitternachtssonne spielen kann.

149 SPRANGAN (KLIPPENSTEIGEN)

Westmännerinseln
Süden
visitwestmanislands.com

Das Klippensteigen, das man Sprangan nennt, ist keine typische Touristenaktivität, und die Planung eines Trips auf die Westmännerinseln für diesen Zweck setzt einiges an Vorbereitung voraus. Sprangan ist eine Tradition auf Heimaey. Die Einheimischen lassen sich mit einfachen Seilen an den Steilklippen herunter, um nach Vogeleiern zu suchen. Der Sport, bei dem man wie ein Pendel im Wind hin und her schwingt, ist zu einem regelrechten Volksspektakel geworden. Im Sommer vermitteln Kurse Familien diese altehrwürdige Tradition, die heute überwiegend am Hafen von Skiphellar auf der Insel Heimaey ausgeübt wird.

150 RAFTING AUF EINEM GLETSCHERFLUSS

Bakkaflöt
560 Varmahlíð
Nordwesten
+354 453 8245
bakkaflot.is

Der Fluss Austari-Jökulsá, klassifiziert mit 4+ auf der internationalen Skala für Wildwasserfahrten, gilt als eine der gewagtesten Raftingstellen der Welt. Die auch »das Biest des Ostens« genannten, schäumend weißen Gewässer garantieren Abenteuer pur für alle, die sich der Herausforderung stellen möchten. Wer eine entspanntere Alternative sucht, der wird auf dem Jökulsárgljúfur fündig, der sanft durch eine rote Vulkanschlucht gleitet, vorbei an dampfenden heißen Quellen.

Sich in herrliche **WINTER-AKTIVITÄTEN** *stürzen*

151 **SEGELTÖRNS ZU DEN POLARLICHTERN**

BUCHEN BEI:
SPECIAL TOURS
Alter Hafen
Hauptstadtregion
+354 560 8800
specialtours.is

Viele kommen nach Island mit dem Wunsch, Polarlichter zu sehen. Doch sie sind bekanntermaßen schwer zu fassen und können nur an klaren, tiefschwarzen Nächten beobachtet werden. Bessere Chancen hat man, wenn man einen Trip über eine professionelle Agentur bucht, zum Beispiel mit Special Tours. Der vor allem für seine Walbeobachtungsfahrten bekannte Anbieter steuert im Winter jede Nacht den dunkelsten Punkt auf dem Ozean an. Eine perfekte Möglichkeit, das unbeschreiblich schöne Himmelsszenario live zu erleben.

152 **SKI / SNOWBOARDEN IN BLÁFJÖLL**

TREFFPUNKT:
PARKPLATZ BLÁFJÖLL
111 Bláfjallavegur
203 Kópavogur
Hauptstadtregion
+354 530 3000
skidasvaedi.is

Zwar ist Island ziemlich bergig, doch im Gegensatz zu Norwegen, Neuseeland, Frankreich und der Schweiz war es noch nie eine Top-Skifahrdestination. Das soll nicht heißen, dass man in Island keine atemberaubenden Pisten finden kann. Das Skiresort, das sich sowohl für Anfänger als auch für Profis eignet, ist Bláfjöll, nur 25 Minuten Fahrtzeit von Reykjavík entfernt. Neben 14 Lifts unterhält Bláfjöll eine Skischule und ist zumeist ab Januar geöffnet, je nach Schneeverhältnissen. Für Geübte gibt es hier zudem mehrere Skilanglaufstrecken.

153 SKI / SNOWBOARDEN AUF DEM HLÍÐARFJALL

Hlíðarfjall
600 Akureyri
Nordosten
+354 462 2280
hlidarfjall.is

Ein weiterer ausgezeichneter Ort zum Ski- und Snowboardfahren ist das Resort auf dem Hlíðarfjall im Norden des Landes. Akureyri ist als Wintersportzentrum besser bekannt als Reykjavík – höchstens übertroffen von einer anderen nördlichen Stadt in den Bergen, Dalvík – und jedes Jahr Austragungsort des EK Extreme Ski und Snowboarding Festivals. Die Einheimischen fahren seit 40 Jahren Ski auf dem Hlíðarfjall. Heutige Besucher genießen die Vorteile von Flutlicht, Schneekanonen und 26 markierten Pisten.

154 EISHÖHLENTOUR IM VATNAJÖKULL-GLETSCHER

STARTPUNKT:
PARKPLATZ
GLETSCHERLAGUNE
JÖKULSÁRLÓN
781 Höfn í Hornafirði
Osten
+354 575 8400
vatnajokulsthjodgardur.is

Die saphirblauen Eishöhlen des Vatnajökull, die jeden Winter aufs Neue Skulpturen und Tunnel formen, zählen schon seit Jahren zu den beliebtesten Attraktionen Islands. Eine Höhlentour unter dem größten Gletscher des Landes fühlt sich beinah so an, als tauche man in ein fantastisches Universum ein, ein Märchenreich, das mit seiner unzeitigen Pracht und gläsernen Inneren der Vorstellungskraft trotzt. Diese Tour ist nur im Winter zu buchen und ist für viele, die die Südküste Islands bereisen, eine beliebte Nebenaktivität.

155 SCHLITTENHUNDFAHRTEN AM MÝVATN-SEE

Valhollt-Hof
641 Húsavík
Nordosten
+354 847 7199
snowdogs.is

Während Sie sich von heulenden sibirischen Huskys ziehen lassen, fühlen Sie sich wie ein unerschrockener Polarforscher, der durch die schneeweiße Landschaft Nordislands saust. Die Schlittenfahrten am Mývatn, die von einem erfahrenen Hundeführer angeleitet werden, sind eine tolle Gelegenheit, um mit den Hunden auf Tuchfühlung zu gehen. Natürlich kann man diese ungemein spannende Aktivität auch einmal selbst ausprobieren. Im Sommer wird die Tour mit speziellen geländegängigen Wagen bewältigt, was dem Ganzen eine neue Perspektive verleiht.

156 SURFEN AN DER SÜDKÜSTE

MIT: ARCTIC SURFERS
Eyjarslóð 3
101 Reykjavík
Hauptstadtregion
+354 551 2555
arcticsurfers.com

Vergessen Sie die Kälte! Wer hätte gedacht, dass Islands malerische Südküste die besten Wellen und Surfspots bietet? Wer gern surft, wird die eiskalten Gewässer Islands als eine unwiderstehliche Verlockung empfinden. Thermalanzüge sind ein Muss, doch wenn man einmal da draußen ist, spürt man von Kopf bis Fuß die Freiheit des Wassers. Surfen in Island sollte für einen Extremsportler auf jeden Fall auf der Liste stehen. Unternehmen wie Arctic Surfers bieten Kurse für Anfänger und Experten an. Wellenreiten geht das ganze Jahr über, doch der Winter ist mit seinen Stürmen und hohen Wellen die bevorzugte Jahreszeit.

LANDSCHAFTEN

Majestätische **BERGE**

157 **EINHYRNINGUR (EINHORNBERG)**
Fljótshlíð
861 Hvolsvöllur
Süden

Der Einhyrningur, einer der mächtigsten Berge Islands, kann nur deshalb nicht mit vielen Besuchern aufwarten, weil er sehr abgeschieden zwischen den Gletschern Tindfjallajökull und Mýrdalsjökull liegt. Seinen Namen hat der Einhornberg wegen des spitzen, hornartig zulaufenden Kamms an seiner nördlichsten Flanke erhalten. Der 750 Meter hohe Berg kann mit einem professionellen Führer bestiegen werden.

158 **VESTRAHORN**
Stokksnes
781 Höfn í Hornafirði
Osten

Die drachenzahnartigen Hänge des Vestrahorn, die umgeben sind von den schwarzen Dünen der Stokksnes-Halbinsel, befinden sich 16 Kilometer westlich des kleinen Dorfs Höfn. Der Vestrahorn bietet für jeden etwas: Fotografen und Wanderer, Hollywoods Location-Scouts und alle, die die schönsten Sehenswürdigkeiten der Insel besuchen wollen. Angesichts seiner Pracht und Dominanz über die Landschaft gilt dieser 454 hohe Berg als der bekannteste Gipfel im Osten Islands.

159 HERÐUBREIÐ

ÓDÁÐAHRAUN-LAVAFELD
661 Mývatn
Nordosten

Herðubreið – der König der Berge in Island! Wie der Herðubreið sich aus den östlichen Ebenen der Ódáðahraun-Wüste erhebt, gilt er als das ungewöhnlichste Wahrzeichen des Landes. Ähnlich wie der Uluru in Australien steigt dieser felsige Tafelvulkan aus der Tundra auf wie ein Fremdkörper, was ihn zu einem attraktiven Fotomotiv macht. Die Hänge sind so steil, dass der Aufstieg erst 1908 glückte. Auch der Campingplatz Herðubreiðarlindir in der Nähe lohnt einen Besuch – besonders wenn man bedenkt, dass er früher einmal das Versteck entlaufener Krimineller war, zum Beispiel des berühmten Banditen Fjalla-Eyvindur, dessen Leben 1911 von dem isländischen Dramatiker Jóhann Sigurjónsson als Stück verarbeitet wurde.

160 KEILIR

Parkplatz am Oddafell-Gipfel an der Höskuldarvöllur-Straße
241 Grindavík
Reykjanes-Halbinsel

Der Keilir ist gut zu sehen, wenn man vom Flughafen Keflavík über die Reykjanes-Halbinsel zur Hauptstadt Reykjavík fährt. Der auffällig geformte Kegel ist bei Einheimischen wie Besuchern sehr beliebt und wird gern auf einem der drei bis fünf Kilometer langen Aufstiege erklommen. In Baltasar Kormákurs Kultkomödie *101 Reykjavík* (2000) ist dieser Berg der Ort, wo der Protagonist Hlynur erfolglos versucht, sich das Leben zu nehmen. (Isländischer Humor kann ziemlich schwarz sein …)

161 BÚLANDSTINDUR

Gemeinde Djúpavogshreppur
765 Djúpivogur
Osten

Die Basaltpyramide des Búlandstindur thront spektakulär über zwei malerischen Buchten und erhebt sich ganze 1069 Meter über den Meeresspiegel. Für transzendentale Denker ist der acht Millionen Jahre alte Búlandstindur, der schon lange eine besondere Bedeutung für die Einwohner hat, eines der großen Energiezentren Islands. Als das Land im Jahr 1000 christianisiert wurde, warfen Aufzeichnungen zufolge die ansässigen Häuptlinge ihre heidnischen Götzenbilder von den Hängen und Klippen, um ihre Konvertierung zu verdeutlichen.

Faszinierende HÖHLEN

162 SURTSHELLIR-HÖHLE

Surtshellir
320 Reykholt
Westen

Die Lavahöhle Surtshellir erstreckt sich über circa 1,6 Kilometer unterhalb der schwarzen Felsenoberfläche Westislands. Für Jahrhunderte behaupteten die Anwohner, die Höhle sei von Geistern bewohnt. Archäologische Funde lassen vermuten, dass Surtshellir häufig Rückzugsort für Gesetzlose war. Das nährte im Mittelalter zweifellos die zügellose Paranoia bezüglich dieses Ortes. Heute treffen Sie hier eher Höhlenforscher oder den ein oder anderen verirrten Touristen an und keine Banditen. Der Besuch mit professionellen Führern ist völlig sicher. Benannt ist die Höhle nach dem Feuerriesen der nordischen Mythologie, Surtr.

163 RÚTSHELLIR-HÖHLE

Eine kurze Wanderung von Drangshlíð 2
861 Hvolsvöllur
Süden
+354 483 4601
south.is

Die Rútshellir-Höhle ähnelt so sehr einer Hobbithöhle, wie man sich das in Island nur vorstellen kann. Der kleine hölzerne Unterschlupf am Fuße einer Felswand ist benannt nach dem Troll Rútur, der hier einst gehaust haben soll. Der berühmteste Teil der Höhle, ein Steinschuppen, wurde im frühen 20. Jahrhundert errichtet. Interessanterweise erforschten 1936 deutsche Nationalsozialisten die Rútshellir-Höhle in der Hoffnung, einen heidnischen Tempel zu finden.

164 KATLA-EISHÖHLEN

TREFFPUNKT DER TOUR: OB-TANKSTELLE
Austurvegur 16
870 Vík í Mýrdal
Süden
+354 849 4404
katlatrack.is

Diese schönen Eishöhlen befindet sich unter dem Vulkan Katla im Süden Islands. Wenn man sich dem weitläufigen Tunnellabyrinth nähert, stellt man fest, dass ein Großteil des Eises eine dunkelgraue Färbung hat. Das ist Vulkanasche, die bei Eruptionen eingeschlossen wurde. Die drei- bis fünfstündigen Höhlentouren sind nur mit Führer möglich; dabei erhält man das nötige Equipment wie Helmlampen und Kanthaken.

165 LOFTHELLIR-LAVAHÖHLE

Tour startet am Mývatn-See
660 Mývatn
Nordosten
+354 558 8888
sagatravel.is

Die 370 Meter lange und 3500 Jahre alte Lofthellir-Lavahöhle am Mývatn-See bietet einige der faszinierendsten Eisskulpturen des Landes. Betrachten Sie diese glasartigen Stalagmiten aus der Nähe und erfahren Sie mehr darüber, wie sie über die Jahrtausende entstehen, nämlich indem Wasser langsam aus der Decke zu Boden tropft. Um in das dunkle Höhlenreich zu gelangen, müssen Sie zunächst das steinige Lavafeld am Fuß des Vulkans Hverfjall durchqueren. Eine gewisse körperliche Fitness ist also erforderlich.

166 HELLISBÚARNIR (DIE HÖHLENMENSCHEN)

Laugarvatnshellar, zwischen Þingvellir und Laugarvatn
841 Laugarvatn
Süden
+354 888 1922
thecavepeople.is

Hellisbúarnir war die Heimat der letzten höhlenbewohnenden Isländer, die vor etwa 100 Jahren weiterzogen. Die Behausung hat man wiederaufgebaut, um zu illustrieren, wie sie dort gelebt haben, geschützt unter Felsen. Man ist sich uneins, wer die Höhlen einst erbaute. Nach einer Theorie waren es irische Mönche, die Papar, die noch vor den Wikingern in Island eintrafen, es aber bald wieder verließen.

Hübsche SEEN *und* LAGUNEN

167 FJALLSÁRLÓN-LAGUNE

Fjallsárlón
785 Öræfi
Süden
fjallsarlon.is

Die Fjallsárlón-Lagune neben der berühmten Jökulsárlón-Lagune ist ebenfalls eine Gletscherlagune mit einem tollen Blick auf die Vatnajökull-Eiskappe. Ein atemberaubendes Erlebnis ist ein Segeltörn auf der Fjallsárlón, umrahmt von steilen Kiesufern und der Gletscherwand. An Bord eines Schiffs ist man den Eisbergen so nah, dass man sie berühren kann.

168 KLEIFARVATN-SEE

Parkplatz an der Straße 42
241 Grindavík
Reykjanes-Halbinsel

Der circa zehn Quadratkilometer große Kleifarvatn ist der größte See der Halbinsel Reykjanes. Ohne Zu- oder Abflüsse speist sich dieser geothermale See ausschließlich über das Grundwasser. Abenteuerlich Veranlagte können im Sommere im Kleifarvatn schnorcheln – so lernt man die faszinierende Geografie Islands auf eine ganz neue Art und Weise kennen.

169 LJÓTIPOLLUR-EXPLOSIONS-KRATER

Nordöstlich vom See Frostastaðavatn
851 Hella
Süden

Bedenkt man den Namen – Ljótipollur bedeutet so viel wie »Hässliche Pfütze« –, könnte man versucht sein, diesen Krater als uninteressant abzutun. Doch das wäre ein großer Fehler! Dieser glitzernde See im bezaubernden Naturreservat Fjallabak im Süden des isländischen Hochlands kann auf einer Wanderung durch die Hügel von Landmannalaugar bestaunt werden.

170 LAGARFLJÓT-SEE (AUCH GENANNT LÖGURINN)

Egilsstaðir
701 Egilsstaðir
Osten

Das größte Waldgebiet Islands, der Staatsforst Hallormsstaðaskógur, ist idyllisch eingebettet am Ufer des Lagarfljót. Einem lokalen Mythos zufolge ist der See – der eine Fläche von 53 Quadratkilometern hat – das grüne Wassergrab des Lagarfljót Wyrm, des isländischen Äquivalents des Loch-Ness-Monsters. Die schlangenartige Kreatur soll ein riesiger Bodenbewohner sein. Viele Monster-Fans schwören, ihre Bewegungen bereits auf Film gebannt zu haben. Wie auch immer, die Spekulation bereichert die Mythen- und Sagenwelt des isländischen Ostens.

168 KLEIFARVATN-SEE

171 **WASSERFÄLLE HÁIFOSS UND GRANNI**

Spritzige WASSERFÄLLE

171 **WASSERFÄLLE HÁIFOSS UND GRANNI**
Þjórsárdalur-Tal
801 Selfoss
Süden

Der Gletscherfluss Þjórsá stürzt als Háifoss (Hoher Fall) aus 122 Metern Höhe dramatisch in die Tiefe. Er ist damit der vierthöchste Wasserfall Islands. Zusammen mit dem majestätischen Granni (Nachbar) direkt daneben bildet er einen unvergesslichen Anblick. Ein Besuch setzt eine fünf- bis sechsstündige Wanderung entlang des Quellwasserzuflusses des Þjórsá, der Fossá, voraus. Das bekannteste Wahrzeichen an der Strecke ist der Vulkan Hekla.

172 **GLJÚFRABÚI-WASSERFALL (SCHLUCHTEN-BEWOHNER)**
Zugang über das Hamragarðar-Gehöft
861 Hvolsvöllur
Süden

Der Gljúfrabúi-Wasserfall verbirgt sich in einem schmalen Spalt im uralten Steilufer der isländischen Südküste, nur fünf Gehminuten vom berühmten Seljalandsfoss-Wasserfall entfernt. Letzterer mag zwar bekannter sein, weil er für Besucher besser erschlossen ist, doch der Gljúfrabúi ist mit seinen vermoosten und soliden Felswänden, die die gesamte Kaskade umschließen, einzigartig. Der Weg muss erwandert werden. Man folgt dem Bach, der sich dann genau hier in die Tiefe stürzt. Eine natürliche Felsplattform gegenüber dem Gljúfrabúi ist der perfekte Platz zum Fotografieren.

173 HENGIFOSS

Parkplatz an der Straße 1
Osten
+354 471 2320
hengifoss.is

Der Hengifoss (Hängender Wasserfall), der sich 128 Meter tief die Klippen von Fljótdalsheiði hinunterstürzt, entstand vor fünf oder sechs Millionen Jahren. Die roten Lehmschichten, die zwischen schwarzem Lava eingeschlossen sind, sind ein fantastischer Anblick. Am besten besucht man den Wasserfall in Verbindung mit anderen Attraktionen im Osten wie der Ortschaft Egilsstaðir und dem See Lagarfljót.

174 GLUGGAFOSS-WASSERFALL

Region Fljótshlíð
861 Hvolsvöllur
Süden

Von eiligen Reisenden wird der Gluggafoss (Fenster-Wasserfall) oft übersehen – besonders wenn sie nur Augen für die Superstars des Südens, Seljalandsfoss und Skógafoss, haben. Das ist schade, denn er weist eine faszinierende Geologie auf. Über die Jahrhunderte hat das Wasser Löcher in den weichen Felsen gegraben und dabei *gluggars* (Fenster) geschaffen, durch die der Wasserfall Stufe für Stufe hinabtaumelt.

175 DYNJANDI-WASSERFALL

Straße 60
471 Þingeyri
Westfjorde

Der Dynjandi-Wasserfall (Donnernder Wasserfall), ein mehrstufiger Katarakt im Herzen der Westfjorde, erinnert an eine große, weiße Hochzeitstorte. Das atemberaubende Ensemble besteht aus sieben Fällen, die eine Höhe von 100 Metern aufweisen. Der Dynjandi wurde 1980 als Nationaldenkmal eingestuft und hat sich seitdem zu einem der bekanntesten Naturattraktionen der Region entwickelt.

Zornige VULKANE

176 BERSERKJAHRAUN-LAVAFELD

Region
Helgafellssveit
341 Snæfellsnes-Halbinsel
Westen

Die Existenz des Berserkjahraun haben wir den drei Vulkanen Rauðkúla, Grákúla und Kothraunskúla zu verdanken, die das letzte Mal vor circa 3000 bis 4000 Jahren ausgebrochen sind. Die erstarrten Überreste dieses riesigen, uralten Lavaflusses befinden sich zwischen den Orten Grundarfjörður und Stykkishólmur. Häufig wird das Lavafeld als die meistunterschätzte Attraktion Islands bezeichnet. Hier werden ganz wunderbar zwei rohe geologische Kräfte deutlich, die im Laufe der Zeit diese Insel geformt haben. Besucher der Snæfellsnes-Halbinsel besichtigen das weitläufige Gelände am besten in den Sommermonaten, wenn man die seltsamen Felsformationen und Kontraste aus Grau, Grün und Braun gut erkennen kann.

177 ASKJA-CALDERA

DYNGJUFJÖLL-BERGE
IM ÓDÁÐAHRAUN-
LAVAFELD
661 Mývatn
Nordosten/
Zentral-Island

Askja ist der Name für die offenen Calderen im Dyngjufjöll-Gebirge, wobei der blaue Explosionskrater Víti das anschaulichste Beispiel ist. Er zieht nicht nur Neugierige, sondern auch Wasserratten an, die in einer unvergleichlichen Natur schwimmen möchten. Der Askja-See, der den Víti füllt, ist 220 Meter tief und Islands zweitgrößter See nach der Gletscherlagune Jökulsárlón. Am Ufer steht ein Monument aus aufgeschichteten Steinen, das an die Deutschen Walther von Knebel und Max Rudloff erinnert, die 1907 bei einer Forschungsfahrt mit dem Boot auf dem See verschwanden. Trotz intensiver Suche konnten die Leichen der verschollenen Wissenschaftler niemals geborgen werden.

178 BRÜCKE ZWISCHEN KONTINENTEN / MIÐLÍNA

Sandvík,
Straße 425
233 Reykjanesbær
Reykjanes-Halbinsel

Diese 15 Meter lange Fußgängerbrücke, auch Miðlína genannt, überspannt in Reykjanes den Graben zwischen der eurasischen und der nordamerikanischen Kontinentalplatte. An den Enden stehen Schilder mit »Welcome to Europe« und »Welcome to America«, auf halber Strecke steht »In the Footsteps of the Gods« (»In den Fußstapfen der Götter«). Die Brücke würdigt Leif Erikson, den ersten Europäer in Nordamerika. Wer die Brücke überquert, sollte sich im Informationszentrum in Reykjavík ein personalisiertes Zertifikat holen. So kann man belegen, dass man zu Fuß von Europa nach Amerika gegangen ist … zumindest theoretisch.

179 GEOTHERMAL-BEREICH HENGILL

Dyradalur
810 Hveragerði
Süden

Das Gebiet zwischen dem See Þingvallavatn und der kurvenreichen Hauptstraße Suðurlandsvegur am Fuße des Hengill fasst zusammen, was die isländische Landschaft so einzigartig macht, nämlich kochend heiße Quellen und malerische Aussichtspunkte. Sowohl das Geothermalkraftwerk Hellisheiði als auch das Kraftwerk Nesjavellir befinden sich hier und geben einen Einblick in die nachhaltigen Mittel, mit denen Island den Großteil seiner Haushaltsenergie erzeugt.

180 LAKAGÍGAR / LAKI-KRATER

IM VATNAJÖKULL-NATIONALPARK
Über Straße 206
881 Kirkjubæjarklaustur
Süden
+354 483 4601
south.is

Die 27 Kilometer lange Kraterreihe namens Lakagígar wurde beim Brand des Skaftá-Flusses von 1783 während einem der größten Vulkanausbrüche der Weltgeschichte geformt. Sie ist ein toller Zwischenstopp auf einer Fahrt durch das südliche Hochland. Insgesamt sind es 103 Krater, am besten zu erkennen vom Besucherpfad aus, der sich 500 Meter lang durch die Landschaft schlängelt. Detaillierte Hinweisschilder erklären die geologischen Kräfte, die dieses Naturwunder haben entstehen lassen.

Glitzernde GLETSCHER

181 **DRANGAJÖKULL**
HORNSTRANDIR-NATURRESERVAT ÜBER STRASSE 635
401 Ísafjörður
Westfjorde
+354 450 8060
westfjords.is

Islands fünftgrößter Gletscher, der Drangajökull, ist 160 Quadratkilometer groß. In den zauberhaften Westfjorden gelegen ist er zudem der nördlichste Gletscher des Landes. Trotz seiner Größe und der relativ geringen Erhebung von nur 925 Metern über dem Meeresspiegel ist er die einzige Eiskappe, die in den letzten Jahrzehnten nicht an Masse verloren hat. Den Gletschersee an seinem Fuß kennt man unter den Namen Kaldalón (Kalte Lagune) oder »Jökulsárlón der Westfjorde«.

182 **OKJÖKULL**
Wanderung vom Húsafell-Hof
320 Reykholt
Westen

Der einstige Gletscher Okjökull ist nur ein Beispiel für die unheilvollen Auswirkungen des Klimawandels. Die NASA hat der toten Eiskappe eine Gedenkseite gewidmet. Eine preisgekrönte Dokumentation, *Not Ok*, der Anthropologen Cymene Howe und Dominic Boyer befasst sich mit der Problematik. Vor Ort gibt es eine Plakette mit der Überschrift »Ein Brief an die Zukunft« von Andri Snær Magnason, die 2019 angebracht wurde. Ein Auszug: »Dieses Monument soll bestätigen, dass wir wissen, was passiert und was getan werden muss. Nur ihr werdet wissen, ob wir es geschafft haben.«

183 ÖRÆFAJÖKULL (HVANNADALSHNÚKUR-GIPFEL)

SKAFTAFELL-NATURRESERVAT IM VATNAJÖKULL-NATIONALPARK

785 Öræfi

Süden

+354 575 8400

vatnajokulsthjodgardur.is/en

Der eisbedeckte Öræfajökull ist aus mehreren Gründen berühmt, zum Beispiel als größter aktiver Vulkan Islands. Er hat sich nie gescheut, seine verborgenen Kräfte zur Schau zu stellen. Zwei große Ausbrüche fanden 1362 und von 1727 bis 1728 statt. Der erste bewirkte die Zerstörung von Litla-Hérað (Kleiner Bezirk) durch glaziale Explosionen – Jökulhlaups –, wodurch die Region für über 40 Jahre unbewohnbar wurde. Heute heißt die Gegend Öræfi (Ödland). Der Öræfajökull liegt in den südlichen Ausläufern des Vatnajökull-Nationalparks und hat mit einer Höhe von 2110 Metern den höchsten Gipfel des Landes, den Hvannadalshnúkur.

183 ÖRÆFAJÖKULL (HVANNADALSHNÚKUR-GIPFEL)

184 SNÆFELLSJÖKULL

Stóri-Kambur
356 Snæfellsbær
Westen
+354 865 0061
theglacier.is

An klaren Tagen kann man von Reykjavík aus den Schichtvulkan Snæfellsjökull mit seinen Teufelshörnern und sanft abfallenden Hängen auf der anderen Seite der Faxaflói-Bucht erkennen. Wer gern näher heran möchte, kann dies in echter James-Bond-Manier als Passagier einer holprigen Allrad-Pistenraupe tun. Der Blick auf die felsige Snæfellsnes-Halbinsel ist dabei unschlagbar, denn man sieht aus nächster Nähe die überwältigenden Gletschermühlen und -skulpturen, die sich über die höchsten Hänge der Eiskappe verteilen. In einer Pistenraupe zu fahren, macht Spaß; die riesigen Motoren sind perfekt angepasst an subarktische Bedingungen.

185 WANDERROUTEN HOFSJÖKULL UND LANGJÖKULL

Die Wanderroute startet am Hveravelli-Servicecenter
641 Húsavík
Nordosten
+354 452 4200
hveravellir.is

Dieser 41 Kilometer lange Hochland-Pfad liegt zwischen den beiden Gletschern Hofsjökull und Langjökull, perfekt für eine zwei- oder dreitägige Wanderung durch die isländische Wildnis. Vier Hütten, heiße Wasserbecken, Schluchten und Krater säumen den Weg – an jeder Ecke warten neue Attraktionen und Erlebnisse. Der Hofsjökull (Tempelgletscher) ist die Quelle des längsten Flusses in Island, der Þjórsá. Im Langjökull befindet sich zudem ein atemberaubender blauer Eistunnel, der sich in den letzten Jahren zu einem beliebten Touristenziel entwickelt hat. Wanderern wird empfohlen, für die Hauptstrecke ihr eigenes Wasser mitzubringen.

193 **MÓÐIR JÖRÐ**

SHOPPING

Peppige PLATTENLÄDEN

186 **FLOHMARKT KOLAPORTIÐ**

Tryggvagata 19
101 Reykjavík
Hauptstadtregion
+354 562 5030
kolaportid.is

Auf diesem Flohmarkt gibt es zahlreiche Schätze zu entdecken, darunter alte Bücher und lustige Sonnenbrillen, Militäruniformen und Haschpfeifen, frische Fischsnacks und defekte Elektrogeräte. Und Sammler finden an den Ständen auch hochwertige LPs. In der Tat ist der Kolaportið ein ergiebiges Jagdrevier für isländische Musikklassiker ebenso wie Mainstream-Aufnahmen. Der Flohmarkt ist nur an den Wochenenden geöffnet und ein Tipp für Musikfans und Liebhaber von Kitsch.

187 **12 TÓNAR**

Skólavörðustígur 15
101 Reykjavík
Hauptstadtregion
+354 511 5656
12tonar.is

12 Tónar ist ein kulturelles Juwel im Herzen Reykjavíks. Allerdings versteckt es sich hinter einer schlichten Ladenfront, die sich seit der Eröffnung 1998 fast nicht verändert hat. Hier gibt es nicht nur CDs, LPs, Kleidung und Fachliteratur zu kaufen, es werden auch Livemusik und Dichterlesungen veranstaltet. Der bei den Anwohnern beliebte Laden begrüßt seine Kunden mit Gratis-Kaffee und Kopfhörern zum Probehören und ist daher der perfekte Zwischenstopp bei einem Bummel durch die Innenstadt. Das hauseigene Plattenlabel hat über 50 Alben herausgebracht, die bis nach Berlin, Tokio und Seoul verkauft werden.

188 **REYKJAVÍK RECORD SHOP**

Klapparstígur 35
101 Reykjavík
Hauptstadtregion
+354 561 2299

Der kleine, aber feine Reykjavík Record Shop ist eines der neuesten Mitglieder der städtischen Kulturszene. Hier biegen sich die Regale unter Alben aus den verschiedensten Genres, von relaxtem Electronic Jazz bis Old-School Hip-Hop. Die Besitzer selbst sind große Musikfans. Perfekt, wenn man sich mit isländischer Musik als Souvenir eindecken will, damit Sie sich noch lange an Ihren Aufenthalt in dieser modernen, jungen Stadt erinnern werden.

189 **SMEKKLEYSA / BAD TASTE RECORD SHOP AND LABEL**

Hverfisgata 32
(Eingang über Hjartatorg)
101 Reykjavík
Hauptstadtregion
+354 551 3730
smekkleysa.net

Smekkleysa (Schlechter Geschmack) ist nicht nur eines der bekanntesten Plattenlabels Islands – Geburtsstätte von Björk, GusGus und HAM –, sondern auch ein erstklassiger Plattenladen. Zu den Künstlern, die derzeit unter dem Smekkleysa-Banner aktiv sind, gehören Brain Police und Sigur Rós, beides Titanen ihrer Musikgenres. Smekkleysa vertritt zudem die Werke des 2018 verstorbenen isländischen Komponisten Jóhann Jóhannsson, bekannt für seine legendären Filmmusiken für *Die Entdeckung der Unendlichkeit* (2014), *Sicario* (2015) und *Arrival* (2016).

190 GEISLADISKABÚÐ VALDA

Laugavegur 64
101 Reykjavík
Hauptstadtregion
+354 562 9002

Der Name bedeutet übersetzt so viel wie Valdis CD-Laden. Ein vollgestopfter kleiner Shop, der eher an den Korridor eines Sammlers erinnert als an einen Verkaufsraum. Es herrscht organisiertes Chaos. Die Regale quellen über von Blu-Rays, DVDs, CDs, LPs, Kassetten, Büchern und Videospielen. Dank der Begeisterung des Besitzers für hochwertige Unterhaltungsprodukte ist dieser winzige Laden ein Mekka für alle, die ihrer Sammlung einige Raritäten hinzufügen wollen. Das Stöbern verspricht nicht nur generationenübergreifende Kunst und Kultur, sondern auch unschlagbare Preise, die anderswo frevelhaft wären.

191 THE ICELAND MUSEUM OF ROCK 'N' ROLL

Hjallavegur 2
260 Reykjanesbær
Reykjanes-Halbinsel
+354 420 1030
rokksafn.is

»We come from the land of the ice and snow, from the midnight sun, where the hot springs flow« – Die ersten Wörter von Led Zeppelins »Immigrant Song«, inspiriert nach einem legendären Konzert in Island im Sommer 1970. Dies ist nur ein Beispiel für Islands ikonischen Platz in der Geschichte der Rockmusik, zu erleben im modernen und höchst unterhaltsamen Museum of Rock'n'Roll in Keflavík. Hier kann man wunderbar in die Musikgeschichte des Landes eintauchen. Neben Platten gibt es Merchandise, Bücher und Dokumentationen über die frühe isländische Rockszene zu erstehen.

Rokksafn
Íslands
THE ICELANDIC MUSEUM
OF ROCK 'N' ROLL

Schmucke SOUVENIRS

192 **OMNOM-SCHOKOLADENFABRIK**
Hólmaslóð 4
101 Reykjavík
Hauptstadtregion
+354 519 5959
omnomchocolate.com

Die Omnom-Schokoladenfabrik im hinteren Bereich des Stadtteils Grandi ist verantwortlich für einige der besten und köstlichsten Süßwaren, die seit 2013 in Island auf dem Markt sind. Gegründet von den Freunden aus Kindheitstagen Kjartan Gíslason und Óskar Þórðarson haben Geschmacksnoten wie »Schwarzverbrannte Gerste« und »Lakritz und Meersalz« Omnom Chocolate einen festen Platz im Herzen der Einheimischen eingeräumt. Für Besucher eine spannende Neuentdeckung.

193 **MÓÐIR JÖRÐ**
Vallanes
701 Egilsstaðir
Osten
+354 471 1747
vallanes.is

Móðir Jörð (Mutter Erde) fokussiert sich auf exquisite organische Produkte wie süß eingelegte Gemüse und Chutneys, vegetarische Burger, Gersten-Porridge und getrocknete Kräuter aus der Umgebung. Dies ist zwar alles für sich genommen schon ein tolles Mitbringsel, doch noch besser sind die vielen Marmeladen, die auf dem Hof hergestellt werden. Die beliebtesten Sorten sind Schwarze Johannisbeere, Blaubeere und Rhabarber.

194 TULIPOP

Skólavörðustígur 43
101 Reykjavík
Hauptstadtregion
+354 519 6999
tulipop.com

Die von der Natur inspirierten Kreaturen von Tulipop, halb Fantasy-Traumwelt, halb Lifestyle-Marke, sind die Erfindung zweier Freundinnen, Signý Kolbeinsdóttir und Helga Árnadóttir. Figuren wie Gloomy das Pilzmädchen und die Bärin Miss Maddy bevölkern eine Welt, die nicht vor den Komplexitäten des Lebens zurückschreckt. Seit einiger Zeit kann man die Erzählungen auch als Trickfilmserie auf YouTube und als Buchreihe erleben. Tulipop-Souvenirs regen nicht nur die kindliche Fantasie an, sondern sind auch zauberhafte Erinnerungen an die Magie und die Geschichten, für die Island berühmt ist.

195 ISLÄNDISCHE SCHARFE SAUCE BERA

ERHÄLTLICH IN AUSGEWÄHLTEN GESCHÄFTEN
Produziert in
Brekka 5,
765 Djúpivogur
Osten
+354 820 0371
lefever.is

Bera, die erste scharfe Sauce Islands, wurde ein sofortiger Erfolg. Ihr typisch fruchtiges Aroma verleiht einer Vielzahl von Gerichten eine angenehm karibische Würze. Die von dem Ostisländer William Óðinn Lefever entwickelte Tunke wird aus den frischesten Zutaten hergestellt, die auf dem Karlsstaðir-Hof in Berufjörður angebaut werden. Vor Kurzem kam eine neue scharfe Sauce namens Dreki hinzu, inspiriert von den Traditionen der skandinavischen und der fernöstlichen Küche.

BÓKAKAFFI
HLÖÐUM
COFFEE
INTERNET
BOOKS

Bunte BUCHHANDLUNGEN

196 **BÓKAKAFFI HLÖÐUM**

Helgafelli 2
700 Egilsstaðir
Osten
+354 471 2255
bokakaffi.is

Die erste Buchhandlung namens Hlaðir wurde 1973 gegründet und lief ohne Unterbrechungen bis 2004. 2010 übernahmen die Schwestern Gréta und Svandís das Geschäft und wandelten es in ein modernes und gemütliches Buchcafé um. Besonders beliebt ist Bókakaffi Hlöðum für die hier organisierten Veranstaltungen, zum Beispiel das gemeinsame Singen im Winter, und die Extra-Büffets an Werktagen mit Schokokuchen und Creme-Waffeln.

197 **BÓKAVARÐAN**

Klapparstígur 25-27
101 Reykjavík
Hauptstadtregion
+354 552 1710
bokiwen.is

Bókavarðan mit seinem riesigen Bestand an isländischen und englischsprachigen Werken ist perfekt für alle, die vergessen haben, ausreichend Urlaubslektüre einzupacken. Die Bandbreite an Genres und Titeln bietet genügend Auswahl, um ein literarisches Andenken an Island mit nach Hause zu nehmen. Wer sich eher nerdigen Beschäftigungen hingeben möchte, findet bei Bókavarðan eine große Palette an Comic-Heften, Filmen, Sci-Fi- und Fantasy-Romanen. Der Laden befindet sich gleich neben der hervorragenden DEAD-Kunstgalerie.

198 THE OLD BOOKSTORE

Hafnarstræti 3
425 Flateyri
Westfjorde
+354 840 0600
flateyribookstore.com

Der allererste Literaturlieferant in Flateyri hat sich seit seiner Eröffnung 1920 kaum verändert. Das Familiengeschäft verkauft Bücher nach Gewicht, was es Sammlern erlaubt, mit unschätzbaren literarischen Werken für nur wenige Hundert *krónas* nach Hause zu gehen. Obwohl überwiegend auf die isländische Sprache fokussiert, gibt es hier auch Ausgaben auf Englisch, Deutsch oder Französisch.

199 BÓKAKAFFIÐ

Austurvegur 22
800 Selfoss
Süden
+354 482 3079
bokakaffid.business.site

Ein weiteres tolles Buchcafé findet man in der pittoresken Stadt Selfoss. Neben dem Buchverkauf betreibt Bókakaffið einen aufstrebenden Verlag namens Sæmundur sowie einen Online-Shop. Man kann sich darauf verlassen, dass die Verkäufer wertvolle Tipps parat haben. Wer den Süden Islands bereist, sollte auf jeden Fall einmal vorbeischauen und sich bei einer Tasse Kaffee in eines der Bücher vertiefen.

Kreative KLAMOTTENLÄDEN

200 **THE HANDKNITTING ASSOCIATION OF ICELAND**

Skólavörðustígur 19
101 Reykjavík
Hauptstadtregion
+354 552 1890
handknitted.is

Lopapeysa heißen die berühmten Wollpullis, die Fischer, Bauern und andere Naturburschen tragen. Sie sind dank der unschlagbaren Fähigkeit, Wärme zu speichern, aus Island nicht mehr wegzudenken. *Lopapeysas* sind überall erhältlich, doch am besten schaut man bei der Handknitting Association of Iceland vorbei. Das Geschäft wurde 1977 gegründet, um die einzigartigen Charakteristika isländischer Schafswolle zu maximieren. Außerdem bekommt man hier handgestrickte Handschuhe, Mützen und Schals sowie Wollknäuel und anderes Strickzubehör.

201 **KRONKRON**

Laugavegur 63-B
101 Reykjavík
Hauptstadtregion
+354 562 8388
kronkron.com

Hugrún Árnadóttir, eine Designerin vom Pariser Modestudio Bercot, eröffnete Kronkron 2004 gemeinsam mit ihrem Partner, dem Haarstylisten Magni Þorsteinsson. Als eine modische Evolution ihres ersten Geschäfts Kron streben sie bereits seit einiger Zeit an, neben dem üblichen Angebot internationaler Marken wie Vivienne Westwood und Comme des Garçons auch isländische Designer zu fördern. Kronkron ist in Reykjavíks wichtigster Einkaufsstraße Laugavegur beheimatet und heißt die Kunden mit bunt-kreativen Entwürfen willkommen.

Léttlopi 50 gr. 410 kr.
Léttlopi 50 gr. 410 kr.
Kambgarn 50 gr. 580 kr.

202 SPÚÚTNIK

Laugavegur 28-B
101 Reykjavík
Hauptstadtregion
+354 533 2023
spuutnik reykjavik.com

Spúútnik ist in Island führend im Bereich Vintage-Mode. Schon lange fördert es die »Stadtratten«-Modetrends, für die die Einwohner von 101 Reykjavík bekannt sind. Hier gibt es Cord-Blazer und Blumenhemden, Tellermützen, Mokassins und vieles mehr, das an die gute alte Zeit erinnert. Obwohl zweifellos ein wenig teuer, ist Spúútnik perfekt, wenn man sich in die 1980er-Jahre zurückversetzt fühlen möchte.

203 YEOMAN

Laugavegur 7
101 Reykjavík
Hauptstadtregion
+354 519 8889
hilduryeoman.com

Die isländische Modedesignerin Hildur Yeoman eröffnete ihre Boutique 2017. Hier präsentiert sie Damenmode, die als ätherisch, magisch und bezaubernd beschrieben wird. Die Kollektionen zeugen von Hildurs Leidenschaft als Geschichtenerzählerin und Illustratorin. Die Inspiration findet sie in solch unterschiedlichen Bereichen wie der isländischen Hexerei und den Abenteuern ihrer Familie. Wenn Sie hochwertige elegante Kleidung suchen, sind Sie hier richtig.

204 VÍKURPRJÓN / VÍK WOOL

Austurvegur 20
870 Vík í Mýrdal
Süden
+354 585 8522
icewear.is

Dieses Label, vor allem bekannt für die Produktlinie Icewear, ist einer der ältesten Produzenten für Wollkleidung in Island. Kunden sind herzlich eingeladen, auch die Fabrik nebenan zu besichtigen, wo sich der gesamte Produktionsvorgang mitverfolgen lässt. Neben klassischen Wollpullis und Accessoires ist man stolz auf die hochwertigen Fliese, Unterwäsche und die große Palette wetterfester Jacken und Hosen.

VINTAGE
FASHION

227 **RANDULFFS HAUS AM MEER**

ESSEN

Beliebte EISCAFÉS

205 **FLÚÐASVEPPIR FARMERS BISTRO**
Garðastígur 8
845 Flúðir
Süden
+354 519 0808
farmersbistro.is

Die herrlichen Champignons und Paprikas, die der Flúðasveppir-Hof produziert, kennt man in ganz Island. Doch für Feinschmecker gibt es hier noch mehr zu entdecken. Das ungewöhnliche Highlight des Bistros ist die Pilz-Eiscreme, nur eine von vielen weiteren pilzigen Spezialitäten wie Portobello-Burger, Suppen, Salate und Wraps. Da die Secret Lagoon nur zwei Kilometer entfernt ist, ist Flúðasveppir ein guter Tipp für ein leckeres Mittagessen nach einem Morgen im warmen Bad. Alle Produkte werden in geothermalen Gewächshäusern biologisch angebaut. Im Sommer ist der Besuch ein Muss.

206 **EFSTIDALUR FARM**
Efsti-dalur II
801 Bláskógabyggð
Süden
+354 486 1186
efstidalur.is

Die Efstidalur Farm am Golden Circle verspricht jede Menge unvergessliche Erlebnisse. Der aktive Pferde- und Viehhof bietet Reitausflüge, die mit einem Essen in der umgebauten Scheune enden. Wer länger bleiben möchte, kann in einem der zehn gemütlichen Schlafsäle übernachten. Am besten jedoch ist bei Efstidalur die frische Bio-Eiscreme, die mit der Milch der eigenen Kühe hergestellt wird. Bei einer Fahrt durch den Süden Islands ist die Efstidalur Farm die ideale Wahl.

207 CAFÉ LOKI

Lokastígur 28
101 Reykjavík
Hauptstadtregion
+354 466 2828
loki.is

Das Café Loki direkt gegenüber der berühmten Lutheranerkirche Hallgrímskirkja ist schon seit Urzeiten ein Lieblingscafé der Reykjavíker. Wer auf Süßes steht, sollte unbedingt das angesagte Roggenbrot-Eis probieren, meist serviert mit Pfannkuchen oder dänischen Smørrebrød-Sandwiches mit Hering und Kartoffelpüree. Bevor man zum Eis greift, kann man sich aber auch die vielen anderen isländischen Gerichte zu Gemüte führen, zum Beispiel die Fleischsuppe und den fermentierten Hai – ein Lieblingsgericht der Gäste … das behaupten zumindest die Locals!

208 VALDÍS

Grandagarður 21
101 Reykjavík
Hauptstadtregion
+354 586 8088
valdis.is

Valdís erstes italienisches Eiscafé wurde am 1. Juni 2013 eröffnet und war in kürzester Zeit bei Einheimischen wie Touristen ein Hit – so schnell, dass man bereits einen Monat später die Belegschaft von fünf auf 36 Mitarbeiter aufstocken musste, um dem Ansturm gerecht zu werden. Viele Eissorten wurden von Kunden angeregt, doch auch typische Klassiker sind hier zu finden sowie eine Auswahl an Früchte- und veganen Sorbets. Valdís gibt es an drei Standorten (zwei in der Hauptstadt und eine in Hvolsvöllur) und ist im Begriff, weitere Filialen zu eröffnen.

209 BRYNJUÍS

Aðalstræti 3
600 Akureyri
Nordosten
+354 462 4478

Brynjuís ist für Akureyri, was Croissants für Paris oder Pfannenpizza für Chicago oder Guinness für Dublin sind. Das Café verwendet Milch statt Sahne und macht daraus köstliche, ganz eigene Softeiskreationen. Es gibt Waffeln in drei Größen, die man mit einer Vielzahl von klassischen Eissorten genießen kann. Runden Sie Ihre Kreation ab mit einem Klecks Sauce und ein paar Krümeln Ihrer Lieblingsschokolade oder -süßigkeit. Kein Wunder, dass die Picknicktische draußen gerade in den hellen Sommermonaten immer heiß begehrt sind.

210 SÆTA HÚSIÐ

Laugavegur 6
101 Reykjavík
Hauptstadtregion
+354 790 6939
www.facebook.com/saetahusid/

Wenn man bedenkt, wie viele Läden in der Einkaufsstraße Laugavegur um Kundschaft buhlen, übersieht man diese originelle neue Eisdiele leider sehr schnell. Wer sich in das niedliche Holzhaus von Sæta Húsið wagt, der wird von einer Riesenauswahl an Süßspeisen überrascht, von selbst gemachten Eisrollen bis zu köstlichen Obstkuchen. Zweifellos also der perfekte Zwischenstopp, wenn man an einem Sommertag zum Bummeln in die Stadt fährt.

Verschlingen Sie leckere **HOT DOGS**

211 **SKÁL!**
IN HLEMMUR MATHÖLL
Laugavegur 107
101 Reykjavík
Hauptstadtregion
+354 519 6515
skalrvk.com

Hot Dogs sind ein kulturelles Relikt aus der Zeit, als in Keflavík das amerikanische Militär noch allgegenwärtig war. Mittlerweile wurde das Gericht von den Locals weiterentwickelt. Das noch recht neue Skál! hat sich mit seiner frischen Neuinterpretation altbekannter Klassiker einen Namen gemacht. Statt mit dem berühmten Stand Bæjarins Beztu Pylsur zu konkurrieren, hat man einen eigenen raffinierten Snack entworfen. Ihre etwas elegantere Version des Würstchens im Brötchen kommt mit eingelegten Gurkenscheiben und einem Prince-Polo-Schokoriegel. Skál! findet man in der Gastronomiehalle Hlemmur Mathöll.

212 **ÍSBÚÐIN LAUGALÆK**
Laugalækur 8
105 Reykjavík
Hauptstadtregion
+354 561 2244

Ísbúðin Laugalæk ist nicht nur eine fantastische Eisdiele, sondern ist auch bekannt für Hot Dogs. Zu verdanken hat es dies ihrem hauseigenen *Tröllapylsur*, einer Abwandlung des Wiener Würstchens, von dem behauptet wird (allerdings von ihnen selbst), es sei das allerbeste des Landes. Es ist zudem der erste Laden, der deutsche Bratwürste anbietet.

213 **PYLSUVAGNINN Á AKUREYRI**

Hafnarstræti
600 Akureyri
Nordosten
+354 849 8827

Die Isländer im Süden sind der Ansicht, dass ihre nördlichen Landsleute in Akureyri zu leckerer, aber ungesunder Kost und ungewöhnlichen Kombinationen neigen. Ein erstklassiges Beispiel dafür bietet Pylsuvagninn á Akureyri. Hier sind die Spezialität Hot Dogs mit Speck, Baked Beans, Pommes, Käse und Tunfisch. Diese Dogs stellen eine komplette Mahlzeit in einem einzigen Brötchen dar, voll köstlicher Aromen und der unausgesprochenen Annahme, dass man sich gerade den Weg zum Herzinfarkt ebnet. Vegane Würstchen stehen ebenfalls auf der Karte. Wer sein Essen groß und knallig mag, ist bei Pylsuvagninn á Akureyri an der richtigen Adresse.

214 **THE ICELANDIC BAR**

Ingólfsstræti 1-A
101 Reykjavík
Hauptstadtregion
+354 517 6767
islenskibarinn.is

Haben Sie die Nase voll von den üblichen Fleischsorten? Können Sie die gängigen Saucen nicht mehr sehen? Dann ist der Hummer-Burger der Icelandic Bar genau das Richtige für Sie! Zu einem kühlen Bier vom Fass erhalten Sie in der Icelandic Bar eine der authentischsten und geschmacksintensivsten Küchen des Landes. Der Hummer ist nur der Anfang: Andere »Not-Dogs« sind zum Beispiel Lachs mit Remoulade (am besten mit einem Viking Lager), frittierte Garnelen mit würziger Mayo (mit Pils Organic) und Lamm mit Sauce bearnaise (mit Viking Stout).

211 **SKÁL!**

215 BÆJARINS BEZTU PYLSUR

Tryggvagata 1
101 Reykjavík
Hauptstadtregion
+354 511 1566
bbp.is

Zugegeben, Bæjarins Beztu ist kein echter Geheimtipp, wenn man bedenkt, dass es schon seit 1937 als König des isländischen Hot Dogs gilt. Doch kein Reiseführer zu Island wäre komplett ohne die Erwähnung von Bæjarins Beztu, das dieses amerikanische Essen in einen lokalen Klassiker verwandelt hat. Das im Brötchen servierte Würstchen wird aus Lamm, Rindfleisch und Schwein hergestellt, das ganze Gericht abgerundet mit speziellen Zutaten und knusprigen Zwiebeln. Der Beleg für die Beliebtheit sind die langen Warteschlangen sowie die vollen Picknicktische vor der Tür.

Genießen Sie ein hervorragendes MITTAGESSEN

216 **KAFFI KYRRÐ**
Skúlagata 13
310 Borgarnes
Westen
+354 437 1878
blomasetrid.is

Das Kaffi Kyrrð ist ein farbenfrohes, familiengeführtes Etablissement, das sich Gemütlichkeit und Ruhe auf die Fahnen geschrieben hat. Ein Muss für alle, die durch Borgarnes kommen. Das Café mit vielen Grünpflanzen, lokaler Kunst und Buddha-Statuen fühlt sich so einladend und wild an wie die Speisekarte. Kuchen, Kaffees, Suppen, Sandwiches und verschiedene vegane Optionen lohnen einen genaueren Blick. Wenn Sie Ihren Aufenthalt in Borgarnes ausweiten möchten, können Sie in dem Gästehaus unterkommen, das dem Café angeschlossen ist.

217 **TEHÚSIÐ HOSTEL, CAFE & BAR**
Kaupvangur 17
700 Egilsstaðir
Osten
+354 471 2450
tehusidhostel.is

Abgesehen von seinem Umweltbewusstsein ist das Tehúsið Hostel auf zwei Dinge stolz: die vielen erstklassigen Biere aus Island und die Verwendung von frischen Bio-Zutaten für die beliebten lokalen Klassiker. Der Familienbetrieb befindet sich neben dem Campingplatz Egilsstaðir und bietet ein Event-Kino, regelmäßige Livemusik und sogar kostenlos zu bespielende Musikinstrumente. 2020 wählte die Webseite Hostel Geeks das Tehúsið zu einem der besten Hostels in Island.

Norð Austur
Sushi
&BAR

218 **NORÐ AUSTUR**

Norðurgata 2
710 Seyðisfjörður
Osten
+354 787 4000
nordaustur.is

Island ist berühmt für frischen Fisch. Dennoch sind Versuche, eine eigene Interpretation von Sushi zu entwickeln, bisher weitestgehend fehlgeschlagen. Glücklicherweise hat sich das Norð Astur in Seyðisfjörður nie gescheut, gegen den Strom zu schwimmen. Das Sushi aus hiesigem Fang ist so köstlich, dass es locker mit dem Original mithalten kann. Zu einer großen Getränkeauswahl (zum Beispiel Daiginjo-Sake) gibt es geräucherten Saibling, japanisches Grillhähnchen und würzige Lachsrollen.

219 **VOGAFJÓS FARM RESORT**

Vogum 1
660 Mývatn
Nordosten
+354 464 3800
vogafjosfarmresort.is

Käse und Backwaren aus eigener Herstellung, abgehangenes Fleisch und Räucherforellen sind nur einige der Spezialitäten dieses Gästehauses mit Café-Restaurant, das seit 120 Jahren im Besitz derselben Familie ist. Gäste können die Schafe und Kühe kennenlernen und an einem Stand handgefertigte Produkte kaufen.

220 **CAFÉ RIIS**

Hafnarbraut 39
510 Hólmavík
Westfjorde
+354 451 3567
caferiis.is

In dieser gemütlichen Kneipe sind magische Runensymbole in den Tresen geschnitzt, und über der Tür hängt ein Elchgeweih. Neben den üblichen Angeboten wie gegrillten Teriyaki-Chicken-Streifen und frittiertem Kabeljau gibt es hier raffinierte Pizzen. Das Café Riis ist daher sowohl für ein feines Dinner als auch für den kleinen Hunger zwischendurch ideal. Wer in den majestätischen Westfjorden unterwegs ist, der sollte bei einer Fahrt durch Hólmavík unbedingt hier einkehren.

221 BAUTINN RESTAURANT

Hafnarstræti 92
600 Akureyri
Nordosten
+354 462 1818
bautinn.is

Das viel gerühmte Bautinn mit seinen vernünftigen Preisen macht den Anschein, als wolle es bis in alle Ewigkeit zu den beliebtesten Restaurants in Akureyri zählen. Das Äußere ist sofort erkennbar dank der hellroten Farbe; innen begrüßen den Gast Köstlichkeiten wie Lendensteak, Hummersuppe und Lammkoteletts, die man mit einem kühlen Bier oder einem Glas Wein herunterspülen kann. Trotz des Spitznamens »Hauptstadt des Nordens« gibt es in Akureyri nur eine Handvoll gehobener Restaurants, und das Bautinn ist eine ausgezeichnete, familienfreundliche Option. Es befindet sich in einem der ältesten Gebäude der Stadt, erbaut im Jahr 1902. Täglich ab 11 Uhr geöffnet.

222 KAFFI LAUGALÆKUR

Laugarnesvegur 74-A
105 Reykjavík
Hauptstadtregion
+354 537 6556
laekur.is

Das Kaffi Laugalækur liegt in Laugardalur. In diesem Reykjavíker Viertel haben die Anwohner einst in geothermalen Becken ihre Wäsche gewaschen. Das hellgrüne Kaffi Laugalækur serviert die verschiedensten Gerichte, darunter, aber nicht nur, überbackene Räucherforelle, Schawarma-Lamm, Fischfrikadellen und Chorizo-Calzone. Das Café ist ein toller Abschluss nach dem Besuch des lokalen Schwimmbads Laugardalslaug, des größten Bäderkomplexes des Landes.

Verwöhnen Sie sich mit köstlichen
BACKWAREN

223 **REYNIR BAKARI**
Dalvegur 4
200 Kópavogur
Hauptstadtregion
+354 564 4700
reynirbakari.is

Neben den klassischen isländischen Desserts und Backwaren versucht die Reynir bakari in Kópavogur, mit ihrem Gebäck neue Wege zu beschreiten. Vor Kurzem stellte man ein zuckerfreies Sauerteigbrot vor, liebevoll mit isländischem Rapsöl und jeder Menge handwerklichem Geschick zubereitet. Die Bäckerei hat täglich geöffnet und bietet außerdem Schokolade, Kuchen, Marzipantaschen und Cremetörtchen. Es empfiehlt sich, früh in eine der Filialen der Reynir bakari in Kópavogur zu gehen, bevor die deutschen Brötchen ausverkauft sind.

224 **SANDHOLT**
Laugavegur 36
101 Reykjavík
Hauptstadtregion
+354 551 3524
sandholt.is

Das Sandholt, in vierter Generation von Meisterbäckern betrieben, zählt zu den ältesten Bäckereien des Landes. Heute findet man sie praktischerweise direkt an der wichtigsten Einkaufsstraße von Reykjavík, der Laugavegur. Es gibt verschiedene Sauerteigbrote, süßes Gebäck, Schokolade und herzhafte Sandwiches, belegt zum Beispiel mit Pulled Pork, Serranoschinken und geräuchertem Saibling. Daneben bietet das Sandholt Craft-Biere, Ciders und Weine, trüb und ungefiltert, um den Eindruck hausgemachter Authentizität perfekt zu transportieren.

225 HEIMABAKARÍ

Garðarsbraut 15
640 Húsavík
Nordosten
+354 464 2901
heimabakri.is

Die schon früh am Morgen geöffnete Heimabakarí sollte für Gäste in Húsavík die erste Anlaufstelle sein für ein Sandwich und einen Kaffee, bevor sie zu einer der berühmten Walbeobachtungstouren aufbrechen, die von hier starten. Die Produkte werden frisch gebacken und können vor Ort im gemütlichen Café verzehrt werden, oder man nimmt sie mit für einen Strandspaziergang.

226 MOSFELLSBAKARÍ

Háholti 13-15
270 Mosfellsbær
Hauptstadtregion
+354 566 6145
mosfellsbakari.is

Die 1982 eröffnete Mosfellsbakarí ist nicht nur bekannt für eine große Auswahl an Gebäck, Kuchen und Sandwiches, sondern auch für die von Hand hergestellten Schokoladenspezialitäten des im Ausland ausgebildeten Chocolatiers Hafliði Ragnarsson. Die Mosfellsbakarí ist praktisch gelegen auf der Touristenroute; viele Urlauber kehren Jahr für Jahr zurück. Wenn Sie also gerade hungrig sind, legen Sie hier einen Stopp ein, bevor Sie auf der Ringstraße oder dem Golden Circle weiterfahren.

Mampfen Sie MEERESFRÜCHTE

227 **RANDULFFS HAUS AM MEER**
Strandgötu 96
735 Eskifjörður
Osten
+364 477 1247
+354 696 0809
randulffssjohus.is/

Auf der Speisekarte stehen Hai und lokal gefangener Fisch. Seit seiner Errichtung 1890 am Ufer des Eskifjörður-Fjords hat sich das Haus kaum verändert und ist voller Artefakte aus dem 19. und 20. Jahrhundert – dem goldenen Zeitalter der Fischerei im Osten Islands. Das Gebäude wurde von dem Norweger Peter Randulff als Heringlager errichtet. Als die Bestände in den 1950er-Jahren enorm zurückgingen, wurde es 75 Jahre lang nicht genutzt, bis es in Teilen vom ostisländischen Schifffahrtsmuseum erworben wurde. Inzwischen wurde es renoviert und in ein Restaurant umgewandelt.

228 **SALKA VALKA**
Skólavörðustígur 23
101 Reykjavík
Hauptstadtregion
+354 571 1289
salkakitchen.com

Dieses attraktive Restaurant in der Skólavörðustígur – der Regenbogenstraße, die zu Hallgrímskirkja führt – verspricht typisch Isländisches wie *plokkfiskur* und Fischeintopf. Ein farbenprächtiges Interieur, frische Zutaten und ausgewählte lokale Biere machen es zur perfekten Wahl. Desserts wie der Rhabarberkuchen sind da nur das i-Tüpfelchen. Benannt ist das Restaurant nach einem Roman des isländischen Nobelpreisträgers Halldór Laxness.

229 LOCAL LANGOUSTINE TRUCK HEIMAHUMAR

Parkplatz Jökulsárlón
781 Höfn í Hornafirði
Osten
+354 891 6250

Wenn Sie ein Detail zur postkartenschönen Landschaft Islands hinzufügen könnten, was wäre das? Fast Food natürlich! Ein Happen Hummer macht einen Besuch der Gletscherlagune Jökulsárlón noch unvergesslicher. Zum Glück gibt es da den Local Langoustine Truck Heimahumar, der alle Krustentierwünsche wahr werden lässt. Während Sie den Blick auf den atemberaubenden See mit seinen Eisbergen genießen, können Sie aus köstlichen Kreationen wie Hummerbrötchen oder Wraps, heißen Suppen und gerösteten »Hummer Dogs« auswählen. Wenn Sie jemals einen weiteren Grund benötigt haben, um die Star-Attraktion Islands zu besichtigen, dann wäre das dieser Langustentruck.

230 PAKKHÚS RESTAURANT

Krosseyjarvegur 3
780 Höfn í Hornafirði
Osten
+354 478 2280
pakkhus.is

Das reizende Pakkhús Restaurant überblickt den Hafen von Höfn. Es wurde 1932 ursprünglich als Lagerhaus errichtet. Heute ist es ein gehobenes Gasthaus, das die allerbesten Zutaten aus der Region Vatnajökull verarbeitet. Höfn ist berühmt für seinen isländischen Hummer, der regelmäßig mit dem roten Schiff Sigurður Ólafsson SF44 gefangen wird, das dort im Hafen liegt. Das macht eine Mahlzeit in diesem Restaurant zu einem ganz besonderen Erlebnis – vom Meer direkt auf den Tisch.

231 NAUSTIÐ

Ásgarðsvegi 1
640 Húsavík
Nordosten
+354 464 1520

Das dank des gelben Anstrichs unverkennbare Restaurant Naustið bietet selbst gemachtes Gebäck, Fleisch von den Landwirten der Umgebung und selbst angebautes Gemüse – so eine Seelennahrung ist im Nordosten nur schwer zu finden. Das Naustið ist vor allem beliebt für seine Fischsuppe und den *plokfisskur*, »Fischstampf«, einst ein Grundnahrungsmittel der von Armut bedrohten Isländer, heute jedoch eines der nahrhaftesten Gerichte des Landes.

229 LOCAL LANGOUSTINE TRUCK HEIMAHUMAR

Probieren Sie **TRADITIONELLE SPEZIALITÄTEN**

232 **FJÖRUKRÁIN**
Vikingastræti 1-3
220 Hafnarfjörður
Hauptstadtregion
+354 565 1213
fjorukrain.is

Wegen seiner altnordischen Architektur wird das Fjörukráin in Hafnarfjörður auch »Wikingerhaus« genannt. Es ist das zweitälteste Gebäude des Ortes und wurde 1841 errichtet. Täglich von 18 bis 22 Uhr servieren hier Kellner in mittelalterlicher Tracht klassische Gerichte, zum Beispiel Lammkoteletts und getrockneten Schellfisch. Obwohl es etwas außerhalb von Reykjavík ist, kommen die meisten Touristen früher oder später an diesem Restaurant vorbei, denn es liegt auf der Strecke des Flughafen-Shuttles von Keflavík.

233 **HAIFISCHMUSEUM BJARNARHÖFN**
Bjarnarhöfn
341 Stykkishólmur
Westen
+354 438 1581
bjarnarhofn.is/

Die Snæfellsnes-Halbinsel ist bis zum heutigen Tag der größte Produzent von *hákarl,* jener berühmten isländischen Spezialität, die man wohl besser als fermentierter (oder vergammelter) Grönlandhai kennt. Das Haifischmuseum Bjarnarhöfn ist der beste Ort, um nicht nur das umstrittene Gericht zu kosten, sondern auch, um mehr über den Fang- und Fermentierungsprozess zu erfahren. Zudem erwarten den Besucher hier historische Fischerboote sowie eine atemberaubende Ausstellung mit Werkzeugen und Ausrüstungsgegenständen für die Haifischjagd.

234 REYKJAVÍK FOOD HALL

Vesturgata 2
101 Reykjavík
Hauptstadtregion

Die Reykjavík Food Hall ist ein auffälliger gelber Bau in der Innenstadt. Ihre Geschichte reicht bis in das Jahr 1863 zurück, als hier das Büro und die Lagerhalle für die Post untergebracht waren. Doch schon bald entwickelte sich daraus ein Treffpunkt für See- und Kaufleute. In der Vergangenheit war das Gebäude Amüsierhalle, Café und Verlagshaus. Heute genießen hier die Gäste an Marktständen köstliche lokale Gerichte. Probieren Sie einen kleinen Happen im Stehen, oder setzen Sie sich hin und verweilen Sie ein wenig länger. Hauptsache, Sie stecken einmal Ihre Nase in diesen neuen Gourmettempel.

235 KAFFIVAGNINN

Grandagarður 10
101 Reykjavík
Hauptstadtregion
+354 551 5932
kaffivagninn.is

Islands ältestes Restaurant, das Kaffivagninn, ist bis heute ein Renner und hat sich seit den Renovierungsarbeiten 1975 kaum verändert. Die Wurzeln lassen sich bis ins Jahr 1935 zurückverfolgen, als der Gründer Bjarni Kristjánsson seine Speisen aus Imbisswagen verkaufte, damals bekannt unter dem Namen »Der Kaffeewagen«. Heute ist das Kaffivagninn eine feste Institution im Hafen von Grandi und sieben Tage die Woche geöffnet. Die Einheimischen würden wohl Traditionelles wie eine Fischplatte oder *plokkfiskur* empfehlen, aber auch die warmen Frühstücksoptionen sind sehr beliebt.

Tauchen Sie ein in die

GEHOBENE KÜCHE

236 KOPAR
Geirsgata 3
101 Reykjavík
Hauptstadtregion
+354 567 2700
koparrestaurant.is

Das Kopar in den grünen Häusern am Alten Hafen ist das Restaurant der Köchin Ylfa Helgadóttir und der Weinexpertin Ásta Guðrún Óskarsdóttir. Es wird gerühmt für seine innovativen wie traditionellen Cocktails, auch wenn einige Gäste lieber einen Cognac oder Whiskey aus der Icelandic Fisherman's Collection probieren. Das Kopar ist das erste Restaurant, das isländische Felsenkrabbe serviert, daneben gibt es aber auch viele andere köstliche Gerichte wie gegrilltes Rentier, Zucchini mit Kichererbsen und rohe Breiðafjörður-Jakobsmuscheln.

237 NORDIC RESTAURANT
Norðurgata 2
710 Seyðisfjörður
Osten
+354 472 1277
hotelalden.is

Im Nordic Restaurant in Seyðisfjörður trifft romantischer Kerzenschein auf feinste Kochkunst. Es ist heute eines der anerkanntesten Etablissements des Landes. Hier wird mit Gemüse vom Bio-Hof Vallanes und Lamm von den Hochebenen Ostislands gekocht. Das 2003 unter Leitung des Hotels Aldan eröffnete Edelrestaurant lässt sich nicht nur von lokalen Trends beeinflussen, es bietet auch leckere Abwandlungen dänischer, französischer und italienischer Spezialitäten. Das Nordic befindet sich in einem der betagtesten Ladengeschäfte Islands und hat noch die Originaleinrichtung.

ELDING WHALE WATCHING

238 FJÖRUBORÐIÐ

Eyrarbraut 3-A
825 Stokkseyri
Süden
+354 483 1550
fjorubordid.is

Das Fjöruborðið serviert drei Hummerarten aus lokalem Fang, alle mit viel Leidenschaft, Flair und Hingabe zubereitet. Dieses exquisite Restaurant an der Küste in Stokkseyri ist perfekt für alle, die gern ein erstklassiges Hummersüppchen in gemütlicher Atmosphäre schlürfen wollen. Es ist nicht verwunderlich, dass das mit marinen Erinnerungsstücken dekorierte Etablissement von Kritikern als »Gourmettempel des Südens« bejubelt wurde.

239 MATHÚS GARÐABÆJAR

Garðatorg 4-B
210 Garðabær
Hauptstadtregion
+354 571 3775
mathus.is

Dieses hervorragende Restaurant im Herzen von Garðabær wirbt mit einer wechselnden Speisekarte mit Fisch, Fleisch und Suppen, alles frisch zubereitet aus biologisch angebauten Zutaten. Elegant und modern, mit Abwandlungen der französischen und amerikanischen Küche, bleibt es seiner isländischen Brasserie-Tradition treu. Für die kleinen Gäste steht ein Zimmer voller Spiele bereit. Garðabær ist ein Viertel von Reykjavík, das selten von Touristen besucht wird. Für die meisten ist das Mathús Garðabæjar daher ein echter Geheimtipp.

240 VON MATHÚS & BAR

Strandgata 75
220 Hafnarfjörður
Hauptstadtregion
+354 583 6000
vonmathus.is

Das Von Mathús bietet saisonale Gerichte, behagliches Flair und professionellen Service. Die meisten Gäste schwören auf das Fünf-Gänge-Menü aus Köstlichkeiten wie geräucherter Meeresforelle, zarten Ochsenbäckchen und zum Dessert Blutorange mit Ganache aus weißer Schokolade, begleitet von ausgesuchten Weinen. Die Besitzer sind ein Paar: Koch Einar und Managerin Kristjana nannten ihr Restaurant Von (Hoffnung), teils auch, weil das gut zur Stimmung im Hafen von Hafnarfjörður passt.

241 KOL RESTAURANT

Skólavörðustígur 40
101 Reykjavík
Hauptstadtregion
+354 517 7474
kolrestaurant.is/

Drei Gehminuten von der Hallgrímskirkja entfernt steht dieses zweigeschossige Restaurant mit offener Küche und moderner Einrichtung. Dem skandinavischen Küchenteam steht einer der vielversprechendsten Jungköche Reykjavíks vor, Sævar Lárusson. Hier gibt es saftige Steaks, gartenfrische Salate und lokal gefangene Meeresfrüchte sowie fruchtige Cocktails.

242 NIELSEN RESTAURANT

Tjarnarbraut 1
700 Egilsstaðir
Osten
+354 471 2001
nielsenrestaurant.is

Das superbeliebte Nielsen mit seinem Balkon und der begrünten Terrasse ist eine ausgezeichnete Wahl sowohl für einen schnellen Kaffee als auch für ganze Mahlzeiten. Schließlich wird der Service hier seit der Eröffnung 1996 großgeschrieben. Es befindet sich im ältesten Haus von Egilsstaðir – 1944 vom dänischen Kaufmann Oswald Nielsen erbaut – und bietet Köstlichkeiten wie Hummersuppe, Rentier-Nachos, BBQ-Rippchen und selbst gebackene Kuchen.

Besuchen Sie VEGANE & VEGETARISCHE *Restaurants*

243 **ÍSLENSKA FLATBAKAN**
Bæjarlind 2
201 Kópavogur
Hauptstadtregion
+354 567 1717
flatbakan.is

Italienisches Essen ist im Íslenska Flatbakan die Spezialität. Die Pizzeria konnte sich in den letzten Jahren mit seinen vielen verschiedenen Pizzabelägen, köstlichen Beilagen und einer gemütlichen Atmosphäre profilieren. Wenn Sie auf Fleisch verzichten möchten, können Sie auf die sechs veganen Pizzen und die vegane Dessert-Pizza bauen. Seit der Eröffnung hat es Íslenska Flatbakan darauf angelegt, dieser Gegend ihren Stempel aufzudrücken. Wer dem Restaurant bei Facebook folgt, darf als Erster die neuesten veganen Kreationen probieren.

244 **JUNKYARD FOOD TRUCK**
Skeifan 13-A
108 Reykjavík
Hauptstadtregion
+354 694 5276
bestjunkintown.is

»Junk« bezeichnet eigentlich nicht besonders gesunde oder ausgefeilte Kost. Aber nicht immer. Denn diese lokale Food-Truck-Firma hat alle Vorurteile auf den Kopf gestellt und verkauft fantastische vegane Gerichte wie Burger und Pommes, Wraps mit Bratkartoffeln, Salate und Frucht-Smoothies. Da Junkyard ein mobiler Food-Truck ist, informieren Sie sich am besten über die sozialen Medien darüber, wo man ihn aktuell antreffen kann.

245 THE SOUP COMPANY

Víkurbraut 5
870 Vik í Mýrdal
Süden
+354 778 9717
thesoupcompanyiceland.com

Nichts schlägt an einem stürmischen Tag eine herzhafte heiße Suppe. Die Soup Company in Vík liefert diesen Komfort schüsselweise. Die köstlichen Suppen werden mit frisch gebackenem Brot serviert. Für Vegetarier gibt es Tomatensuppe mit Pesto und Mozzarella-Baguette oder eine vegane Variante. Für Fleischesser finden sich jede Menge Alternativen.

246 KAFFIHÚSIÐ GARÐURINN

Klapparstígur 37
101 Reykjavík
Hauptstadtregion
+354 561 2345
kaffigardurinn.is

Seit 2000 ist das Kaffihúsið Garðurinn sowohl ein Restaurant-Café als auch ein Gemüsehandel. Einheimische nennen es den köstlichsten vegetarischen Zwischenstopp Reykjavíks. Die italienischen Gemüsesuppen sind erstklassig abgeschmeckt, die Portionen sind großzügig und für Island nicht zu teuer. Die Speisekarte ändert sich täglich – perfekt für abenteuerlustige Freunde der gehobenen vegetarischen Küche.

247 BIKE CAVE

Einarsnes 36
101 Reykjavík
Hauptstadtregion
+354 770 3113
bikecave.is

Das gemütliche Bike Cave an einer beliebten Fahrradstrecke an Reykjavíks Küste hat sich auf nahrhaftes und abwechslungsreiches Essen spezialisiert. Die saftigen Burger, belegten Brote und opulenten Pitas sind einige der vielen Gerichte, die man auch vegan ordern kann. Das Team ist gern bereit, die Bestellung den spezifischen Wünschen der Gäste anzupassen. Was immer Sie am Ende wählen, am besten genießt man es mit einer Tasse Tee oder Kaffee. Sie verleihen sogar Werkzeuge und Ausrüstung an Radfahrer, die das Café als Boxenstopp nutzen.

BASTARD
BASTARD BREW&FOOD
BREW&FOOD

Schlemmen Sie
PREISWERTE HÄPPCHEN

248 **BASTARD BREW & FOOD**
Vegamótastígur 4
101 Reykjavík
Hauptstadtregion
+354 558 0800
bastard.is

Bastard Brew & Food serviert überraschend große Portionen für wenig Geld, perfekt, wenn man in Reykjavíks Innenstadt vom Hunger überwältigt wird. Gerichte zum Teilen sind zum Beispiel Riesengarnelen, Nachos mit Käse-Dip, Knoblauchbrot, Hummus und Pesto, bei den Einzelgerichten liegt der Fokus auf saftigen Burgern, Fladenbroten und weichen Tacos. Im Sommer ist die Terrasse ein perfekter Ort, um Cocktails in guter Gesellschaft zu genießen. Das Lokal ist mit hippen und avantgardistischen Gemälden dekoriert und arrangiert oft die Speisenauswahl nach dem Wochentag, zum Beispiel Taco-Dienstage und Gin-Tonic-Mittwoche.

249 **VIÐ VOGINN**
Vogaland 2
765 Djúpivogur
Osten
+354 478 8860
vidvoginn.is

Ein praktischer und netter Zwischenstopp für alle, die Zeit mitbringen. Das preiswerte Við Voginn in Djúpivogur serviert Seelennahrung: warme Gerichte, Kuchen, untermalt mit einem herrlichen Blick auf den Jachthafen. Einer der besten Orte, um Klassiker wie Cheeseburger mit Fritten, Hot Dogs (auch vegan) und Hähnchen- oder Rindfleischpitas zu genießen. Nicht zu vergessen die Kaffeespezialitäten und die selbst gebackenen Kuchen und Kekse.

250 **NOODLE STATION**

Laugavegur 103
101 Reykjavík
Hauptstadtregion
+354 551 3198
noodlestation.is

Die Noodle Station bleibt ihren thailändischen Wurzeln treu. Die Brühen sind schlicht, aber köstlich: Nudelsuppe mit Rindfleisch, Hühnerfleisch oder Gemüse, alle mit einer Vielzahl von geheimen Gewürzen fein abgeschmeckt. Aus der Tür strömen die verführerischsten Düfte und machen den Wartenden an der Bushaltestelle Hlemmur Appetit. Die Rezepte befinden sich seit Generationen in der Familie des Noodle-Station-Gründers Charin Thaiprasert.

251 **DJ GRILL**

Strandgata 11
600 Akureyri
Nordosten
+354 462 1800
djgrill.is

Der DJ Grill ist ein Burger-Restaurant, das sein Handwerk wirklich ernst nimmt! Es gibt saftige, schmackhafte Burger – benannt nach Discjockeys, die zur Zeit der Eröffnung in Akureyi beliebt waren –, dies ist aber auch eine Sportbar, die vor allem für Fans der englischen Fußballliga interessant ist. Bitte beachten Sie: Spiele von Arsenal haben Vorrang. Alle Begegnung dieses Teams werden ohne Ausnahme gezeigt.

252 **SKÚRINN**

Aðalgata 25
340 Stykkishólmur
Westen
+354 544 4004

Das Skúrinn bezeichnet sich selbst stolz als »schlechter Ort für eine Diät«. Beim Blick auf die Speisekarte ist schnell klar, wie viel Wahrheit in dieser Aussage steckt. Das Restaurant befindet sich im Herzen des Fischerdorfs Stykkishólmur auf der Halbinsel Snaefellsnes. Den Gast erwartet eine herzhafte Auswahl an Burgern, Bieren und Wraps. Dieses Lieblingslokal der Locals sieht von außen nach nicht viel aus, doch die Düfte der amerikanischen Gerichte locken einen nach drinnen.

253 TJÖRUHÚSIÐ

Neðstakaupstað
400 Ísafjörður
Westfjorde
+354 456 4419
tjoruhusid.is

Da Kinder unter 14 hier kostenlos essen, ist ein Besuch des familiengeführten Restaurants Tjöruhúsið in Ísafjörður eine sichere Möglichkeit, Geld zu sparen. Man verzichtet auf Speisekarten und serviert einfach den Fang des Tages, zum Beispiel Kabeljau, Heilbutt, Wolfsbarsch, Gefleckter Wels oder Rotbarsch. An einigen Abenden gibt es auch indische Spezialitäten.

254 FREDERIKSEN ALE HOUSE

Hafnarstræti 5
101 Reykjavík
Hauptstadtregion
+354 571 0055
frederiksen.is

Das preisgünstige Frederiksen Ale House ist ein moderner Gastropub nahe an Reykjavíks Altem Hafen. Es wurde 2014 eröffnet mit dem Ziel, Seelennahrung zu neuen kulinarischen Höhen zu treiben. Highlights sind die großen Portionen und die ausgezeichnete Bier- und Weinauswahl (2-für-1-Angebot zur Happy Hour). Wer nach einem schnellen und preiswerten Burger oder Fish and Chips sucht, ist hier richtig.

254 FREDERIKSEN ALE HOUSE

260 **SKÚLI CRAFT BAR**

DRINKS

Plaudern Sie in

GEMÜTLICHEN CAFÉS

255 **KAFFI KLAUSTUR**
Skriðuklaustur
701 Egilsstaðir
Osten
+354 471 2990
skriduklaustur.is

Das Kaffi Klaustur, eines der besten Cafés im Osten Islands, befindet sich im Kulturzentrum Skriðuklaustur – einstige Heimat des gefeierten isländischen Autors Gunnar Gunnarson. Das Hauptaugenmerk liegt auf herausragenden Kaffees und geschmacksintensiven regionalen Gerichten. Die täglichen Mittagsbüffets sind so reichhaltig, dass kein Gast das Kaffi Klaustur hungrig verlassen wird. Hier erwarten Sie so köstliche Spezialitäten wie isländisches Lamm, Wild, Brombeeren und sautierte Pilze.

256 **GRÁI KÖTTURINN / DIE GRAUE KATZE**
Hverfisgata 16-A
101 Reykjavík
Hauptstadtregion
+354 551 1544
graikotturinn.is

Wer zur Unzeit in der Stadt eintrifft, kann nichts Besseres tun, als im Grái Kötturinn einzukehren, einem gemütlichen Café, in dem man die frühen Morgenstunden mit einer großen Tasse *svart kaffi* (schwarzen Kaffee) verbringen kann. Gäste, die ein herzhaftes Frühstück suchen, finden es hier in Form des Kassenschlagers The Truck: amerikanische Pfannkuchen, Kartoffeln, Rührei, Toast, Speck und Tomaten. Ein Stopp im Grái Kötturinn ist eine sättigende Möglichkeit, sich fürs Sightseeing zu rüsten.

257 KATTAKAFFIHÚSIÐ

Bergstaðastræti 10-A
101 Reykjavík
Hauptstadtregion
kattakaffihusid.is

Katzen, Kaffee und ein kuscheliges Ambiente: Das Kattakaffihúsið hat sich von den beliebten Katzencafés in aller Welt inspirieren lassen. Hier haben die Gäste die Möglichkeit, die Fellnasen zu streicheln, während sie an schäumenden Lattes und cremigen Macchiatos nippen. Die enge Zusammenarbeit des Kattakaffihúsið mit dem isländischen Tiernotdienst Dýrahjálp hat den schnurrenden Vierbeinern eine zweite Chance beschert. Tierliebe beweist auch die veganfreundliche Speisekarte. Unter den unbeteiligten Blicken der Stubentiger können die Gäste Sauerteigbrot mit gegrillter Avocado oder Haferjoghurt mit Beerensauce probieren.

258 CAFÉ ROSENBERG

Vesturgata 3
101 Reykjavík
Hauptstadtregion
+354 546 1842
cafe-rosenberg.
business.site

Das Café Rosenberg bietet auf zwei Etagen eine warme und gemütliche Atmosphäre. Oben befindet sich ein stilvoller, großer Teeraum, in dem Kuchen, Sandwiches und heißer Kaffee verführerisch ausgestellt sind. Und unten kann man sich bei einem kühlen Bier mit seinen Freunden unterhalten oder für die Uni lernen. Das Rosenberg ist bekannt für seine legendären Spieleabende: Schach und Dame, Dungeons & Dragons, Monopoly, Poker und vieles mehr. Schauen Sie doch mal vorbei!

Trinken Sie in PERFEKTEN PUBS *und* CRAFT-BARS

259 **THE SALT CELLAR**

Nähe Hotel Flatey
Stóra-Pakkhús345
Flatey Island
Westen
+354 555 7788
hotelflatey.is

Bier war in Island bis 1989 illegal. Heute findet man überall auf der Insel goldene und erfrischende Pints. Das gilt besonders für die entlegeneren Spots, für die der Salt Cellar auf der Insel Flatey wohl das beste Beispiel ist. Wie der Name suggeriert, wurde diese winzige Kneipe seit mindestens dem frühen 20. Jahrhundert als Salzlager für Händler und Fischer genutzt. Heute kann man hier ein vernünftiges Bier oder ein Flahajito – Flateys Antwort auf den klassischen Mojito – genießen.

260 **SKÚLI – CRAFT BAR**

Aðalstræti 9
101 Reykjavík
Hauptstadtregion
+354 519 6455

Liebhaber von ausgezeichneten Ales und handwerklich hergestellten Lager müssen nicht weiter gucken als bis zur Skúli-Craft Bar, eine nette Kneipe mit über 130 Marken, darunter 14 Craft-Biere vom Fass. Die Barkeeper sind gern dabei behilflich, per Verkostung durch das Angebot zu führen. Wer die allerbesten Sorten probieren möchte, sollte sich für 4500 ISK ein Tablett mit sechs Qualitätsbieren bestellen – zweifellos der beste Weg, um eine unvergessliche und vergnügliche Nacht in Reykjavík einzuläuten.

261 **STRIKIÐ**

Skipagata 14,
5th Fl.
600 Akureyri
Nordosten
+354 462 7100
strikid.is

Das Strikið mit seiner umfangreichen Speisekarte voll frischer Meeresfrüchte (vor allem Sushi) ist einer der elegantesten Gastropubs in Akureyri. Neben Essen – darunter auch Sake-Hühnchen, gegrilltes Rinderfilet und BBQ-Rippchen – können die Gäste auch verschiedene exotische Cocktails und durstlöschende Weine probieren. Das Strikið ist perfekt zum Zurücklehnen, Entspannen und um leckeren Fusel zu genießen. Ein großer Balkon verspricht einen herrlichen Blick über den Eyjafjörður-Fjord, Akureyri, das Meer und die Berge.

262 **GRAND-INN BAR AND BED**

Aðalgata 19
550 Sauðárkrókur
Nordwesten
+354 844 5616

Das behagliche Grand Inn Bar and Bed serviert lokal gebrautes Bier und viele verschiedene internationale Craft-Biere vom Fass. Die Bar veranstaltet regelmäßig Events und zeigt auf Fernsehbildschirmen Live-Sportshows. Die Wände zieren lustige Werke des isländischen Cartoon-Künstlers Hugleikur Dagsson. Zur Kneipe, die schon einmal vom Reykjavik Grapevine als »Beste Bar Nordislands« ausgezeichnet wurde, gehört eine Pension mit fünf großen Gästezimmern.

263 GÖTUBARINN

Hafnarstræti 96
600 Akureyri
Nordosten
+354 462 4747
gotubarinn.is

Das Götubarinn ist eine beim hiesigen Partyvolk angesagte Bar im Zentrum von Akureyri. Das Klavier im unteren Geschoss trägt zum gemütlichen Flair bei, und die Einrichtung aus rustikalem Holz, Straßenschildern und Spiegeln erinnert an die Architektur der Altstadt. Der perfekte Ort für ein Gespräch zu zweit oder für spontanes gemeinschaftliches Singen. Das Götubarinn verteilt sich über zwei Etagen, schließt erst spät und bietet eine große Auswahl an alkoholischen und nicht alkoholischen Getränken. Es ist daher das beste Beispiel für das Nachtleben in dieser Stadt. Dank der blauen Holzfassade ist es leicht zu finden.

264 BELJANDI BRUGGHÚS

Sólvellir 23
760 Breiðdalsvík
Osten
+354 866 8330
beljandibrugghus.is

Das Beljandi Brugghús, eine Mikrobrauerei in einer Mikrostadt, bietet seit der Eröffnung 2017 eine leckere Auswahl an Bieren. Das Lokal hat seinen Namen von der von ihnen hergestellten Spezialität Pale Ale Beljandi, doch es gibt noch andere interessante Produkte wie das Porter, das Skuggi und das IPA, Spaði. Die Biere sind auch in ausgewählten Bars in Reykjavík erhältlich, zum Beispiel im Karólína Craft Bar and Café.

Sonnen Sie sich auf Reykjavíks ROOFTOP BARS

265 PETERSEN SVÍTAN
Ingólfsstræti 2-A
101 Reykjavík
Hauptstadtregion
+354 563 4000
gamlabio.is

Das Petersen Svítan ist eine ehemalige Wohnung auf drei Etagen. Heute werden die renovierten Räumlichkeiten als eine der größten und beliebtesten Kneipen der Hauptstadt gehandelt. Die Aussicht auf die geschäftige Straße macht es zur kosmopolitischsten Erfahrung, die man in Island haben kann. Das Gamla Bíó (früher ein Kino, jetzt ein Opernhaus und Theater) liegt direkt darunter, weshalb das Petersen Svítan eine praktische Wahl ist für einen Drink vor dem Konzert- oder Theaterbesuch.

266 SKY RESTAURANT & BAR
Ingólfsstræti 1
101 Reykjavík
Hauptstadtregion
+354 595 8545
skyreykjavík.com

Im achten Stock des Center Hotel Arnarhvoll befindet sich die SKY Restaurant & Bar, beliebt dank der eleganten Veranda, die einen herrlichen Blick auf den Alten Hafen, das Konzerthaus Harpa und die Faxaflói-Bucht ermöglicht. Hier erwartet Sie eine ausgezeichnete Auswahl von Weinen, Bieren und Cognacs, am besten zu genießen mit ein paar Bar-Snacks: Cheddar-Würfel, Nüsse und Serrano-Schinken.

267 LOFT HI HOSTEL

Bankastræti 7
101 Reykjavík
Hauptstadtregion
+354 553 8140
hostel.is

Das Innere des Loft HI Hostel ist vollgestopft mit Bücherregalen und daher perfekt für Leseratten, gestresste Studenten und so ziemlich jeden, der gern sein Getränk gern in relativer Stille genießt. Der größte Vorteil des Loft Hostels ist jedoch die wunderschöne Dachterrasse, von der aus sich ein luftiger Blick auf die Laugavegur und die Skyline bietet. Das gesamte Jahr hindurch finden im Loft Hostel Community-Nächte statt, von Aquarellkursen, Kleidertausch und -verkauf bis zu lauschigen Musikkonzerten und Stand-up-Comedy.

268 LEBOWSKI BAR

Laugavegur 20-A
101 Reykjavík
Hauptstadtregion
+354 552 2300
lebowskibar.is

Aufgepasst, Dudes & Dudettes! Die Lebowski Bar ist eine der coolsten Spaßbars in Reykjavík. Die Dachterrasse ist nur im Sommer geöffnet, doch die teppichbehangenen Wände und Kinoposter innen schnüren alles zu einem stimmigen Gesamtpaket zusammen. Wie im Kultklassiker »The Big Lebowski« schlürfen die Gäste White-Russian-Cocktails, sie nehmen an Pub-Quiz-Nächten teil und feiern das ganze Jahr hindurch Partys. Und, im unwahrscheinlichen Fall, dass die Lebowski Bar nicht Ihre Erwartungen erfüllt: »Das ist vielleicht deine Meinung, Mann.«

Fantastische BRAUEREIEN *und* DESTILLERIEN

269 **EIMVERK-DESTILLERIE**
Lyngás 13
210 Garðabær
Hauptstadtregion
+354 416 3000
flokiwhisky.is

Eine Führung durch die Eimverk-Destillerie bietet Einblick in die Prozesse und ist eine erstklassige Möglichkeit, um die Spirituosen zu kosten. Flóki aus isländischer Bio-Gerste ist das führende Produkt dieser Destillerie und der erste Single-Malt-Whiskey Islands. Nach vier Jahren voller Experimente und 163 Versuchen reift Flóki nun in amerikanischen Eichenfässern heran, um einen komplexen und erdigen Geschmack herauszukitzeln, der an irische und schottische Hochland-Whiskeys erinnert. Daneben gibt es zum Beispiel Gin, Vor und einen Aquavit (oder *brennivín*) namens Víti.

270 **ASKUR TAPROOM**
Fagradalsbraut 25
700 Egilsstaðir
Osten
+354 470 6070
askurtaproom.is

Der 2018 eröffnete Askur Taproom kann das ganze Jahr hindurch besichtigt werden. Allerdings muss man sich vorher anmelden, weil ein wenig Vorbereitung nötig ist. Ein Rundgang auf dem Gelände verspricht jedoch ein einzigartiges kulturelles Erlebnis. Man erfährt nicht nur mehr über die faszinierenden Prozesse des Bierbrauens, sondern wird auch mit köstlichen, nach Wunsch belegten Pizzen verwöhnt.

271 BJÓRSETUR ÍSLANDS / DAS ISLÄNDISCHE BIERZENTRUM

Hólar
551 Hólar
Nordwesten

Da sie auf rein freiwilliger Basis von Angestellten der landwirtschaftlichen Hólar-Universität betrieben wird, ist diese Brauerei mit Ausschank nur an bestimmten Tagen geöffnet, hauptsächlich freitagabends. Hólar, eine winzige Gemeinde mit knapp über 100 Einwohnern, ist vor allem bekannt als der Ort, an dem 1530 die erste Druckpresse Islands stand. Hier war außerdem von 1106 bis 1798 einer der ältesten Bischofssitze, zuständig für christliche Kultur und Lehre. Mehr über diesen Hintergrund zu erfahren, ist zweifellos interessant, wird jedoch noch spannender, wenn man dabei eines der vielen erstklassigen Biere genießen kann.

272 BJÓRBÖÐIN BEER SPA

Ægisgata 31
Árskógssandi
621 Dalvík
Nordosten
+354 414 2828
bjorbodin.is

Das Bier-Spa am Ortsrand von Dalvík definiert Entspannung neu. Dank der Zusammenarbeit mit der Kaldi-Brauerei relaxen die Gäste hier 25 Minuten lang in einer Badewanne voller warmem Bier, Hefe und Hopfen. Das soll diesem Wundergemisch genug Zeit geben, an Haut und Haaren Wunder zu bewirken. Das Badewasser ist zwar nicht trinkbar, aber dank der Zapfhähne neben jeder Wanne kann man sein Gläschen jederzeit nachfüllen. Draußen gibt es eine Sauna und zwei große heiße Becken mit herrlichem Blick auf die Nachbarinsel Hrísey. Das Restaurant serviert beispielsweise frittierten Fisch in Bierteig und Hummer mit Knoblauch.

273 ÖLVERK PIZZA & BREWERY

Breiðamörk 2
810 Hveragerði
Süden
+354 483 3030
olverk.is

Das in Hveragerði direkt an der Touristenroute Golden Circle gelegene Ölverk Pizza & Brewery verwöhnt seine Gäste seit 2017. Ölverk produziert kleine Mengen Craft-Bier mithilfe eines Zwei-Fässer-Systems, das sich die unterirdische geothermale Energie der Stadt zunutze macht. Sie schmecken ganz vorzüglich zu ihrer zweiten Spezialität: Premium-Holzofenpizzen. Bei den 40-minütigen Brauereitouren kann man vier der Ölverk-Biere kosten. Das Restaurant führt den Gedanken noch weiter und hat gleich 36 Pizzen im Angebot.

274 RVK BREWING COMPANY

Skipholt 31
105 Reykjavík
Hauptstadtregion
+354 588 2337
rvkbrewing.com

Bei einer Führung durch die gepflegten Anlagen der RVK Brewing Company haben die Gäste die Möglichkeit, goldenen Nektar direkt aus den Tanks sowie sechs Biersorten zu probieren. Die Brauerei ist vor allem für ihre experimentellen Rezepte bekannt. Zum Beispiel gab es einmal ein Weihnachtsbier, das aus einem echten Weihnachtsbaums gebraut wurde. Wenige Schritte weiter findet man in der Snorrabraut einen Schankraum, in dem man 16 Craft-Biere und leckere Gerichte vom Grill genießen kann.

275 **FROST & FIRE HOTEL**

ÜBERNACHTEN

Entspannen Sie in

GEMÜTLICHEN HOTELS

275 **FROST & FIRE HOTEL**

Hverhamar
810 Hveragerði
Süden
+354 483 4959
frostogfuni.is

Das Boutique-Hotel bei Hveragerði verwöhnt seine Gäste mithilfe der unterirdischen Energie des geothermalen Flusses Varmá. Zu den luxuriösen Annehmlichkeiten zählen zum Beispiel heiße Bäder am Fluss, eine entspannende Sauna und ein Freibad. Das elegante Interieur zeigt interessante Arbeiten lokaler Künstler. Die dampfenden Vulkanhöhen des Reykjadalur bieten erstklassige Bedingungen für Wanderer. Die Zutaten für das Restaurant Varmá kommen von den Bauernhöfen aus dem Umland.

276 **HÓTEL RANGÁ**

Suðurlandsvegi
851 Hella
Süden
+354 487 5700
hotelranga.is

Das Rangá, das einzige Vier-Sterne-Resort im Süden Islands, wurde nach dem benachbarten lachsführenden Fluss benannt. Der plätschernde Strom verläuft zwischen dem Berg Hekla und dem Vulkan Eyjafjallajökull hindurch und kann von jedem der 52 Zimmer betrachtet werden. Viele haben Spa-Wannen, Balkone und Flachbildschirmfernseher. Der wahre Luxus findet sich jedoch unten: ein Cognac-Raum und zwei elegante Bars. Wem das nicht genug ist, der kann das hoteleigene Planetarium besuchen, das als eines der besten Sternenschau- und Polarlichtzentren Islands gilt.

275 **FROST & FIRE HOTEL**

277 FISHERMAN HÓTEL WESTFJORDS

Aðalgata 14-16
430 Suðureyri
Westfjorde
+354 450 9000
fisherman.is

Wie der Name erahnen lässt, dreht sich in diesem Suðureyri-Hotel alles um den Fischfang. Das Fisherman Hótel bietet in seinem Restaurant und in einem kleinen Laden köstliche naturbelassene Gerichte an. Zudem besteht die Möglichkeit, an einer kulinarischen Meeresfrüchte-Führung durch die Stadt teilzunehmen, die von einem wahren Feinschmecker geleitet wird. Die 19 Zimmer des Hotels sind teilweise für Paare, teilweise für Familien ausgelegt. Perfekt für Liebhaber von Fisch und Meeresfrüchten.

278 HÓTEL GLYMUR

Hvalfirði
301 Akranes
Westen
+354 430 3100
hotelglymur.is

Das Hótel Glymur, 45 Minuten von Reykjavík am nördlichen Ende des Hvalfjörður gelegen, ist eine weitere tolle Wahl für alle, die die Highlights im Westen Islands besuchen möchten. Insgesamt stehen 22 Gästezimmer zu Auswahl, jedes mit italienischen Ledermöbeln eingerichtet und mit einem himmlischen Ausblick auf die Fjorde und Berge. Zudem gibt es zwei Luxus-Suiten mit Massagewannen (perfekt nach einem harten Reisetag) und sechs Themen-Villen mit privaten heißen Bädern und Verandas.

279 FOSSHÓTEL GLACIER LAGOON

Hnappavellir
785 Öræfi
Süden
+354 514 8300
islandshotel.is

Dieses 126-Zimmer-Luxushotel, günstig gelegen zwischen dem grandiosen Naturreservat Skaftafell und der Gletscherlagune Jökulsárlón, spricht alle an, die sich nichts sehnlicher wünschen, als sich in Islands unberührter Natur zu verlieren. Das Fosshótel Glacier Lagoon befindet sich direkt unterhalb des höchsten Gipfels des Landes, dem Hvannadalshnúkur (2110 m), und hat ein Restaurant, dessen Küche nicht weniger dramatisch ist. Das Hauptaugenmerk liegt auf kreativen Gerichten wie cremiger Langustensuppe, Carpaccio vom Räucherlamm und in Kaffee-Vanille eingelegtem Lachs.

280 HRAUNSNEF COUNTRY HOTEL

Hraunsnef
311 Borgarnes
Westen
+354 435 0111
hraunsnef.is

Die komfortablen und relaxten Unterkünfte des Hraunsnef Country Hotel setzen sich zusammen aus 15 gemütlichen Zimmern mit eigenem Bad, zwei kleineren Cottages und einem größeren Cottage für bis zu fünf Personen. Außerdem gibt es zwei heiße Pools (Tag und Nacht geöffnet) und eine Feuerstelle im Garten, perfekt für Familien und Freundesgruppen. Seien Sie jedoch nicht überrascht, wenn Ihre Party von einem vierbeinigen Eindringling gestürmt wird: Kühe, Schafe und Ziegen dürfen hier frei herumlaufen.

Kuscheln Sie sich ein in **COTTAGES** *und* **GÄSTEHÄUSERN**

281 HJARÐARBÓL COTTAGES
Hjarðarból
816 Þorlákshöfn
Süden
+354 567 0045
hjardarbol.is

Hjarðarból ist ein freundliches, einfaches Gehöft zwischen Hveragerði und Selfoss. Getreu ihren Wurzeln aus der Mitte des 20. Jahrhunderts bieten diese beiden Cottages sowohl nationale Authentizität als auch unprätentiösen Komfort. Hier erwartet Sie am Morgen ein reichhaltiges Frühstücksbüffet, gefolgt von einem Bad unter freiem Himmel – ein perfekter Start in einen Sightseeing-Tag in Südisland. Der Golden Circle ist nicht weit entfernt, die Gäste sollten aber auch die Gewächshäuser und die heißen Quellen von Hveragerði erkunden.

282 SÖÐULSHOLT HORSE FARM & COTTAGES
Söðulsholt
311 Borgarnes
Westen
+354 895 5464
cottages.sodulsholt.is

Söðulsholt war bis 1936 ein aktiver Landwirtschaftsbetrieb. Danach diente es bis 1994 als Pfarrei. Vier Jahre später erwarb Einar Ólafsson das Land (circa 118 Hektar) und machte sich daran, das Gelände zu einem Gestüt und einem Zentrum für Wiederaufforstung umzubauen. Nur 31 Kilometer außerhalb von Borgarnes sind die Gäste hier dazu eingeladen, an Ausflügen zu Pferd teilzunehmen oder sich am Lachsfang im Fluss zu versuchen.

283 ESJAN BUSES

Skrauthólar 4
162 Kjalarnes
Hauptstadtregion

Auf den ersten Blick könnte man meinen, dass Esjan Buses ein längst geschlossener Schrottplatz sei, doch in Wahrheit ist dies eine der außergewöhnlichsten Unterkünfte des Landes. Die umgebauten Busse befinden sich unterhalb des Tafelbergs Esja im entlegenen Reykjavík-Bezirk Kjalarnes. Jeder von ihnen hat einen komplett eingerichteten Sitz-/Schlafbereich und Kitchenette. Auf dem Gelände stehen Sanitäranlagen zur Verfügung.

284 KALASTAÐIR COTTAGES

Route 47
301 Akranes
Westen
+354 663 2712 (Thorvaldur)
+354 840 1225 (Brynja)
kalastadir.com

Die direkt am Wasser stehenden Kalastaðir Cottages sind wirklich hübsch anzuschauen. Die Location ist perfekt, um die beliebtesten Sehenswürdigkeiten im Westen des Landes zu besuchen. Von den drei frei stehenden Gebäuden können zwei bis zu vier Personen beherbergen und eins bis zu sechs Personen. Alle Cottages haben eine eigene Terrasse mit Grill und eine private heiße Wanne. Die freundlichen Besitzer sind bekannt dafür, dass sie gern ihr Insiderwissen teilen.

285 DÆLI GUESTHOUSE

Dæli
531 Hvammstangi
Nordwesten
+354 451 2566
daeli.is

Das Dæli ist ein familiengeführtes Gästehaus in ländlicher Lage. Hier kann man zwischen sechs Hütten, einem Luxus-Cottage und 16 Zimmern wählen. Das Restaurant ist auf traditionell isländische Gerichte wie Lachs und Lamm spezialisiert, es gibt aber auch vegetarische Optionen. Eine nicht weit entfernte Attraktion ist zum Beispiel der Hvítserkur. Dieser seltsame Basaltfelsen heißt »Weißes Hemd«, weil er über und über mit Vogelkot bedeckt ist.

286 ÁLFASTEINN COUNTRY HOME

Þjodolfshagi 25
851 Hella
Süden
+354 772 8304
icelandmagic.is

Die Gäste dieses charmanten, ganzjährig geöffneten Gästehauses teilen die Unterkunft mit Ágúst Rúnarsson, Direktor von Iceland Magic Travel, der seit 40 Jahren als Reiseführer arbeitet. Er ist nicht nur für die Zubereitung des Abendessens verantwortlich, er betreut auch Rundfahrten sowie Wander- und Reittouren zu den Attraktionen in der Umgebung. Isländische Gastfreundschaft aus erster Hand!

287 THE VIKING LODGE

Arnarbæli
801 Selfoss
Süden
vikinglodge.heimaleiga.is

Der Name lässt vermuten, dass es sich um ein traditionelles Langhaus handelt oder vielleicht um eine torfgedeckte Hütte in einem südisländischen Wald. Doch in Wahrheit ist die Viking Lodge in Selfoss mit ihren vier Gästezimmern supermodern eingerichtet und gepflegt, mit gratis W-LAN und großem Flachbildschirm-TV. Auf der Terrasse genießt man einen herrlichen Blick auf den Fluss. Wer den Abend draußen in der Wanne verbringt, hat gute Chance auf Polarlichter.

Kampieren Sie auf coolen

CAMPINGPLÄTZEN

288 **CAMPINGPLATZ PATREKSFJÖRÐUR**
Aðalstræti 107
450 Patreksfjörður
Westfjorde
+354 456 1515
westfjords.is

Eine Übernachtung vor den Toren von Patreksfjörður bedeutet, dass Sie sich für die isländische Natur in ihrer ursprünglichsten Form entscheiden, denn der Campingplatz liegt eingebettet zwischen einem Bach und einem Berg. Die Ortschaft Patreksfjörður bietet nur beschränkt Einkaufs- und Restaurantoptionen. Das Schwimmbad jedoch ist berühmt für seinen Ausblick, der zu den besten des Landes zählt.

289 **MOSSKÓGAR CAMPING**
Dalsgarðsafleggjari
270 Mosfellsbær
Hauptstadtregion
+354 663 6173

Das nur wenige Autominuten von Reykjavík entfernte Mosskógar Camping ist eine tolle Option für Reisende, die Naturverbundenheit erleben und gleichzeitig auf den Komfort und die Angebote einer Stadt nicht verzichten möchten. Neben seiner entspannten Atmosphäre wird vor allem das hohe Maß an Privatsphäre für die Gäste gelobt. Zu den Annehmlichkeiten zählen Outdoor-Duschen und ein großes Glashaus, in das man in verregneten Nächten ausweichen kann. Die Umgebung ist malerisch und stark bewaldet. In Richtung Mosfellsbær gibt es mehrere attraktive Wanderwege.

290 CAMPINGPLATZ SKAGASTRÖND

An der Bogabraut-Straße
545 Skagaströnd
Nordwesten
+354 776 0040
tjalda.is

Der Campingplatz Skagaströnd, zu beiden Seiten von den Klippen von Hólaberg schützend umschlossen, wurde um einen kleinen Torfhügel herum gebaut, der einst das Fundament eines Bauernhofs war. Heute gibt es hier ein Servicehaus, in dem die Gäste sich selbst verpflegen und ihre Wäsche waschen können. Dies ist zudem der einzige Ort, wo man sich mit Infoblättern zu den lokalen Wanderrouten eindecken kann, darunter auch jene zur Spitze des gebieterischen Spákonufell (Hellseherberg).

291 CAMP EGILSSTAÐIR

Kaupvangur 17
700 Egilsstaðir
Osten
+354 470 0750
campegilsstadir.is

Dieser Campingplatz, wenige Schritte von den Läden und Restaurants von Egilsstaðir entfernt, ist das ganze Jahr über geöffnet. Es gibt einen 24/7 Zugang zu Toiletten, Duschen und Waschmaschinen, kostenloses W-LAN und einen Fahrradverleih. Ein Aufenthalt hier bedeutet, dass Sie wohl die faszinierenden Attraktionen des Ostens besuchen werden, etwa den Selskógur-Forst und den Hengifoss-Wasserfall.

292 CAMPINGPLATZ HLÍÐ

Hraunbrún
660 Mývatn
Nordosten
+354 464 4103
myvatn accommodation.is

Der Campingplatz Hlíð liegt am Ufer des Mývatn-Sees – ideal, um die vielen Attraktionen im Nordosten der Insel zu erkunden. Es gibt einen Waschsalon und kostenlose warme Duschen, komplett eingerichtete Unterkünfte und elektrische Anschlüsse. Der Campingplatz bietet einen herrlichen Blick auf den See und das daran anschließende Lavafeld. Bis zum Supermarkt und zur Touristeninformation sind es zu Fuß nur fünf Minuten.

Schlummern Sie in angesagten
HOSTELS

293 **GALAXY POD HOSTEL**
Laugavegur 172
105 Reykjavík
Hauptstadtregion
+354 511 0505
galaxypodhostel.is

Insgesamt wirkt Island immer noch ein wenig altmodisch, nicht jedoch das Galaxy Pod Hostel mit seiner futuristischen Ästhetik. Ähnlich wie in den japanischen Kapselhotels erhalten die Gäste eine eigene Kabine, ausgestattet mit Fernseher, abschließbarem Schrank und Safe. Das Hostel bietet zudem einen Virtual-Reality-Raum, eine skandinavische Lounge-Bar, kostenloses W-LAN und eine Küche für Selbstversorger. Auf der Suche nach einer günstigen, ungewöhnlichen Unterkunft ist man hier richtig.

294 **BAKKI APARTMENTS & HOSTEL**
Eyrargata 51-53
820 Eyrarbakki
Süden
+354 788 8200
bakkihostel.is

Es gibt ganze zwei Läden in Eyrarbakki: Laugabúð, das sich seit der Eröffnung 1900 nicht großartig verändert hat, und einen Tankstellen-Shop. Nicht weit davon entfernt befindet sich Bakki Apartments & Hostel, bestens geeignet für alle, die Privatsphäre und Abgeschiedenheit suchen. Zur Auswahl stehen neun komplett ausgestattete Studio-Apartments sowie Schlafsäle für bis zu 36 Personen, darunter ein Sechsbettzimmer nur für Frauen. Die Unterkunft liegt direkt am Meer. Bis zum beliebten Restaurant Rauða Húsið sind es nur fünf Gehminuten. Eyrarbakki ist eines der Tore zur berühmten Touristenstrecke Golden Circle.

295 VIBRANT ICELAND HOSTEL

Kaplahraun 9-B
220 Hafnarfjörður
Hauptstadtregion
+354 419 2847
vibrant.is

Das Vibrant Iceland Hostel bietet mit seinen selbst gebauten Etagenbetten mit Vorhang maximalen Komfort für wenig Geld. Dazu gehören auch ein schnelles W-LAN, Duschen auf Hotelniveau und eine große Gemeinschaftsküche mit Gratis-Bohnenkaffee und Tee. Das Vibrant Iceland Hostel findet man in Hafnarfjörður, etwa acht Kilometer außerhalb von Reykjavíks Innenstadt. Eine gute Alternative für alle, die kein zweites Mal im Zentrum der Hauptstadt übernachten möchten.

296 MIDGARD BASE CAMP

Dufþaksbraut 14
860 Hvolsvöllur
Süden
+354 578 3180
midgard.is

Das Midgard Base Camp im Süden von Island, modern, elegant und mit allen wichtigen Einrichtungen ausgestattet, bietet jeden nur erdenklichen Luxus und gleichzeitig die Möglichkeit, sich komplett zu entspannen. Sehr beliebt sind die hier angebotenen Geländewagentouren in das abenteuerliche, häufig nicht zugängliche Hochland. Das ganze Jahr hindurch finden im Bar-Restaurant Live-Events statt. Serviert werden so leckere Gerichte wie Lammrippchen, Räuchersaibling und in der Pfanne gebratener Lachs.

297 THE BARN

Norðurfoss
871 Vík í Mýrdal
Süden
+354 779 1166
barnhostel.is

Das Küstendorf Vík ist ein beliebter Stopp an der isländischen Südküste und wird gern von Touranbietern für die Mittagsrast genutzt. Nur sieben Kilometer entfernt steht das Barn Hostel, eine der besseren Unterkünfte vor Ort. Gratisparkplätze, Doppelzimmer und kostenloses W-LAN machen die Übernachtung zur komfortablen Angelegenheit. Die besonders bei Paaren beliebte elegante Hostel-Bar lädt nach einem aufregenden Tag voller Entdeckungen zum Entspannen ein.

298 BLÁBJÖRG GUESTHOUSE

Gamla Frystihúsið
720 Borgarfjörður Eystri
Osten
+354 846 0085
blabjorg.is

Das Blábjörg Guesthouse ist eine rundum gelungene Wahl, denn es bietet nicht nur ein Restaurant (Frystiklefinn), sondern auch ein luxuriöses Tages-Spa (Musterið). Das Gästehaus teilt sich auf in Luxus-Apartments für Familien und attraktive Cottages für kleinere Gruppen. Das Restaurant Frystiklefinn serviert internationale Küche mit isländischen Anklängen. In den heißen Wannen von Musterið liegend hat man einen herrlichen Blick auf die Berge im Osten.

Erleben Sie eine Nacht auf einem ALTEN BAUERNHOF

299 **OLD FARMHOUSE VEGAMÓT**
Vegamót
620 Dalvík
Nordosten

Wie alle Agrarnationen ist Island stark betroffen von der Landflucht. Viele Bauernhöfe bleiben verlassen zurück. Vor Kurzem jedoch begann man, einige von ihnen zu restaurieren und zu hochwertigen Unterkünften umzuwandeln. Ein gutes Beispiel ist das rote Old Farmhouse Vegamót. Am besten geeignet für Paare und Familien, bietet es Platz für bis zu vier Personen. Zu Ausstattung gehören gratis W-LAN und ein heißes Bad im Freien. Nicht weit entfernt liegt die Ortschaft Dalvík mit Fußballplatz, Schwimmbad und Spielplatz.

300 **ÓSEYRI FARMHOUSE**
Fjarðarbraut
Osten
+354 841 9308
oseyri755.com

53 Kilometer vom Flughafen Egilsstaðir entfernt befindet sich das Óseyri Farmhouse. Mit seinen vier Schlafzimmern mit jeweils zwei Einzelbetten ist es eine weitere tolle Option für reisende Familien. Komplett ausgestattet mit einer heißen Wanne und Grill, punktet die Terrasse des Bauernhauses auch mit einem herrlichen Blick auf das Meer und die Berge. Kürzlich haben die Besitzer damit begonnen, auf dem Gelände Bäume anzupflanzen, um die Wiederaufforstung Islands voranzutreiben. Die Gäste werden daher um Vorsicht gebeten.

301 LANGAVATN GUESTHOUSE

Kísilvegur Road 87
Langavatn
641 Húsavík
Nordosten
+354 852 8222
langavatn.com

Das Langavatn Guesthouse zwischen der Walbeobachtungshauptstadt Húsavík und dem wunderschönen Mývatn-See ist eine ausgezeichnete Wahl für Gäste, die von Kopf bis Fuß in die spektakuläre Natur des Nordens eintauchen möchten. Die Unterkunft wird von einer Familie betrieben, die seit 1848 auf dem Gehöft lebt und arbeitet. Bis heute ist Langavatn ein aktiver Bauernhof mit über 300 Schafen. Am Morgen wird im Restaurant ein leckeres Frühstück serviert.

302 STÓRA-ÁSGEIRSÁ FARM STAY

Stóra Ásgeirsá
531 Hvammstangi
Nordwesten
+354 866 4954
asgeirsa.com

Stóra-Ásgeirsá bietet mehr als nur eine Unterkunft. Es ist vor allem geeignet für Gäste, die nicht davor zurückschrecken, sich die Hände schmutzig zu machen. Hier ist man herzlich eingeladen, sich bei den täglich anfallenden Arbeiten einzubringen und dabei aus nächster Nähe zu erfahren, wie Landwirtschaft in Island funktioniert. Im Sommer ist es möglich, direkt vor Ort Pferde anzumieten, mit denen man dann zu den vielen, in den Sagas erwähnten Orten zu reiten, die sich auf das grüne Víðidalur-Tal verteilen.

DER FLUSS ÞJÓRSÁ

INDEX

IMPRESSUM

DEUTSCHE AUSGABE © 2022 BRUCKMANN VERLAG GMBH,
INFANTERIESTRASSE 11A, 80797 MÜNCHEN

AUTOR – Michael Chapman

LAYOUT – Joke Gossé and doublebill.design

FOTOS – Ívar Eyþórsson – @ivareythorsson

WEITERE FOTOS – S. 110: Arnar Tomasson

COVERFOTO – Seydisfjordur im Osten Islands – romeovip_md/shutterstock

DEUTSCHE ÜBERSETZUNG – Silke Elzner

PROJEKTLEITUNG – Claudia Hohdorf, Maren Langendorff

SATZ – BUCHFLINK Rüdiger Wagner

LEKTORAT – Linde Wiesner

KORREKTORAT – Claudia Alt

HERSTELLUNG – Alexander Knoll

Printed in Slovenia by Florjancic

ISBN 978-3-7343-1990-7

luster publishing.com – the500hiddensecrets.com – info@lusterpublishing.com

In diesem Buch wird aus Gründen der besseren Lesbarkeit das generische Maskulinum verwendet. Weibliche und anderweitige Geschlechteridentitäten werden dabei ausdrücklich mitgemeint, soweit es für die Aussage erforderlich ist.

★★★★★

Sind Sie mit diesem Titel zufrieden? Dann würden wir uns über Ihre Weiterempfehlung freuen. Erzählen Sie es im Freundeskreis, berichten Sie Ihrem Buchhändler oder bewerten Sie bei Onlinekauf. Und wenn Sie Kritik, Korrekturen, Aktualisierungen haben, freuen wir uns über Ihre Nachricht an: Bruckmann Verlag, Postfach 40 02 09, D-80702 München, oder per E-Mail an: lektorat@verlagshaus.de.

Die Deutsche Nationalbibliothek verzeichnet diese Publikation in der Deutschen Nationalbibliografie; detaillierte bibliografische Daten sind im Internet über http://dnb.d-nb.de abrufbar.